★この作品はフィクションです。実在の人物・団体・事件などには、いっさい関係ありません。

JUMP COMICS

NARUTO
-ナルト-

うずまきナルト 巻ノ一

岸本斉史

NARUTO
－ナルト－

巻ノ一

うずまきナルト

ⓜもⓚくⓙじ

1：うずまきナルト!!

昔《むかし》
妖狐《ようこ》ありけり
その狐《きつね》 九《ここの》つの尾《お》あり
その尾《お》 一度《いちど》振《ふ》らば
山崩《やまくず》れ津波《つなみ》立《た》つ
これに困《こう》じて
人《ひと》ども
忍《しのび》の輩《やから》を
集《あつ》めけり
僅《わず》か一人《ひとり》が忍《しのび》の者《もの》
生死《せいし》をかけ
これを封印《ふういん》せしめるが
その者《もの》 死《し》にけり
その忍《しのび》の者《もの》
名《な》を
四代目《よんだいめ》 火影《ほかげ》と
申《もう》す――

ナンバー
1：
うずまきナルト!!

NARUTO
-ナルト-

ダメ
ギャハハハハハハ
アホ

火影様《ほかげさま》!!!
なんじゃ また ナルトの奴《やつ》が 何《なに》か しでかしでも したか？
はい！ ナルトの奴《やつ》 歴代《れきだい》火影様《ほかげさま》たちの 顔岩《かおいわ》に落書《らくが》きを!!
しかも 今度《こんど》は ペンキです!!
ザッ
ふーー
コラーー!!
また いたずら ばっかり しやがって!!
毎日《まいにち》 毎日《まいにち》 いいかげんに しろ！
見《み》てみろよ あれ……
なんちゅー バチ当《あ》たりな！
ブラ
ブラ

バーーカ!!
うっせんだってばよ!!
クル‥
お前《まえ》らさ!
お前《まえ》らさ!
こんな卑劣《ひれつ》なこと
できねーだろ!!
だが オレは
できる!!
オレは
スゴイ!!
おーおー!
やってくれとるのォ
あのバカ!
テクテク
ワシの顔にまで
あー 火影様だ
ん?
三代目《だいめ》
申《もう》し訳《わけ》
ありません!
ガッ!!
ツ….
お!
イルカか…
何《なに》やってんだ
授業中《じゅぎょうちゅう》だぞ!
早《はや》く降《お》りてこい!
バカもの――――!!!
クル
クル
やべ!
イルカ先生《せんせい》だ
あたふった

ツーン
フン
明日《あした》は忍者学校《にんじゃがっこう》の卒業試験《そつぎょうしけん》だぞ!! お前《まえ》は前回《ぜんかい》もその前《まえ》も試験《しけん》に落《お》ちてる!!
外《そと》でいたずらしてる場合《ばあい》じゃないだろ
バカヤロー!!
はい はい
プチ!
今日《きょう》の授業《じゅぎょう》は変化《へんげ》の術《じゅつ》の復習《ふくしゅう》テストだ
全員《ぜんいん》並《なら》べーー!!!
え〜〜〜!!!
先生《せんせい》そっくりに化《ば》けること!!

ボン!!
よーし
OK《オーケー》!
しゃあ!
ボン
次《つぎ》!
うずまきナルト
お前《まえ》の
せいだぞ!!
知《し》るかよ
くそ!!
おもしろく
ねーな
……よーし!
ピト
変化《へんげ》!!!
ボウ!!

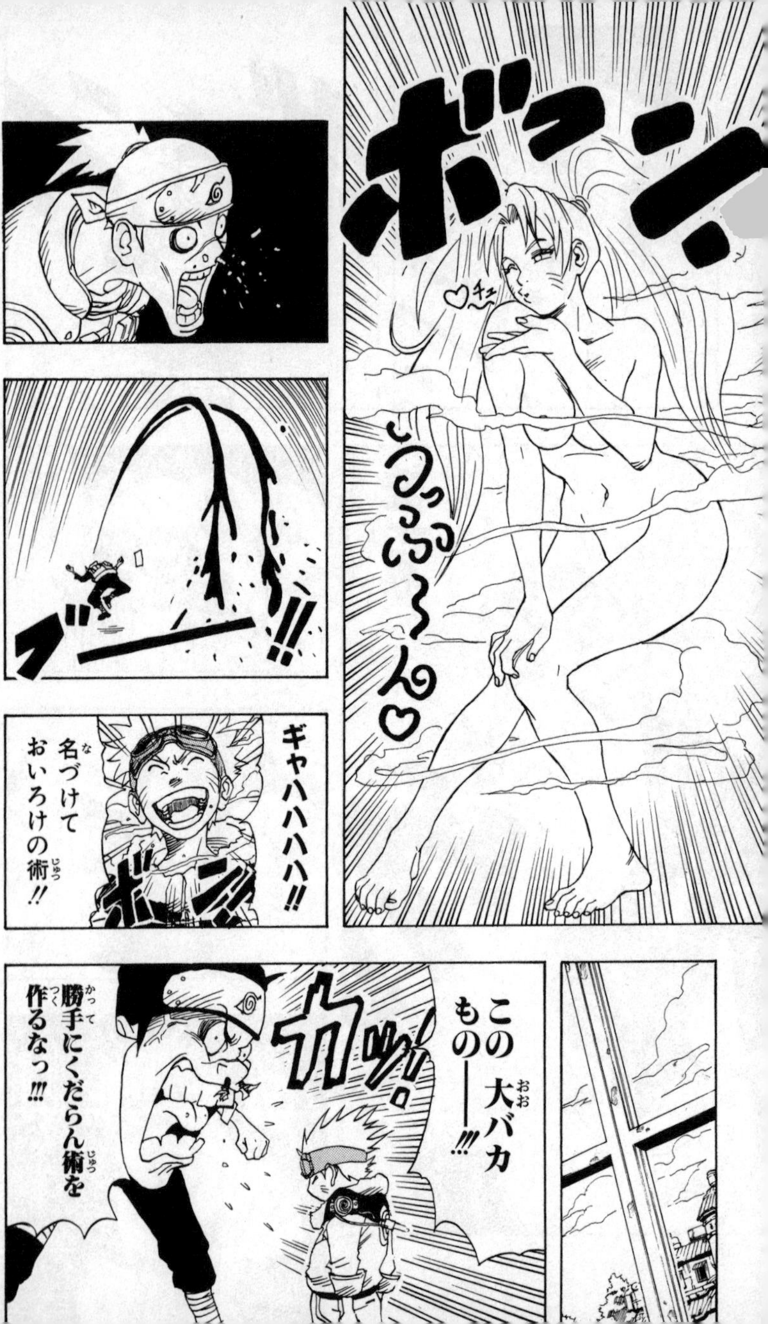
ボワン!
チュ
うっふ〜ん♡
ブーー!!
ギャハハハハ!!
名《な》づけて おいろけの術《じゅつ》!!
ボン
この大《おお》バカもの———!!!
カッ!
勝手《かって》にくだらん術《じゅつ》を作《つく》るなっ!!!

くそ
くそ
きれ〜〜〜にするまで家《いえ》には帰《かえ》さんからな!!
別《べつ》にいいよ…家《いえ》に帰《かえ》ったって誰《だれ》もいねェーしよ!
フン
フキフキ
よいしょ
よいしょ
ナルト…

今度《こんど》はなにィ？
…ま…なんだ……
それ全部《ぜんぶ》きれいにしたら
ポリ ポリ
今晩《こんばん》ラーメンおごってやる！
よーーし!!
オレさ！オレさ！がんばっちゃお!!
酒酒酒
ラーメン 一楽
ナルト
んーーー？
ズズ…

なんで あんなとこに 落書《らくが》きした!? 火影様《ほかげさま》が どーいう人達《ひとたち》か 分《わ》かってんだろ…
あったり前《まえ》 じゃん!
よーするにィ 火影《ほかげ》の名前《なまえ》を 受《う》けついだ 人《ひと》ってのは
里《さと》一番《ばん》の 忍者《にんじゃ》だったって ことだろ
もぐ
もぐ
特《とく》に四代目《だいめ》 火影《ほかげ》って
里《さと》をバケ狐《ぎつね》 から守《まも》った 英雄《えいゆう》らしいし
じゃ なんで!?
ズル…
このオレは いずれ 火影《ほかげ》の名《な》を 受《う》けついで
ピッ!
んでよ! 先代《せんだい》の どの火影《ほかげ》をも 超《こ》えてやるんだ!!!

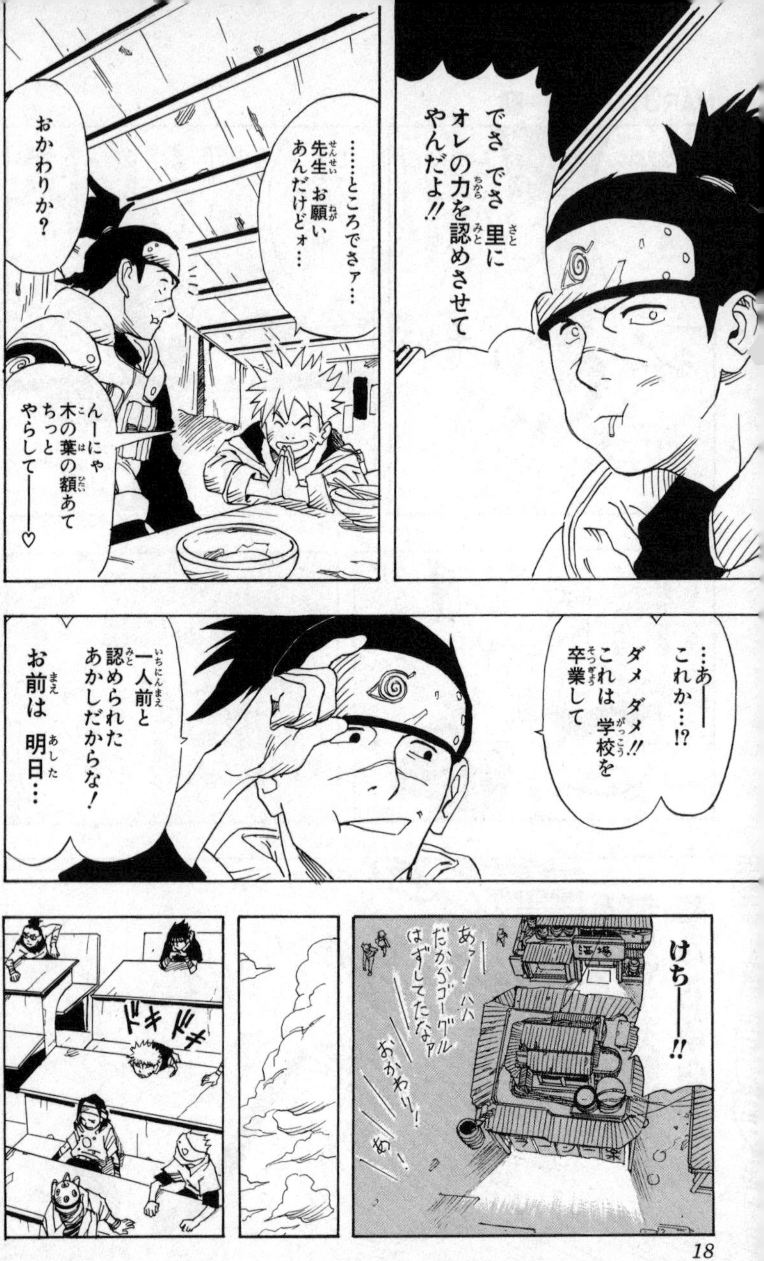
でさ でさ 里《さと》に
オレの力《ちから》を認《みと》めさせて
やんだよ!!
……ところでさァ…
先生《せんせい》お願《ねが》い
あんだけどォ…
おかわりか?
んーにゃ
木《こ》の葉《は》の額《ひたい》あて
ちっと
やらして――♡
…あ――
これか…!?
ダメ ダメ!!
これは学校《がっこう》を
卒業《そつぎょう》して
一人前《いちにんまえ》と
認《みと》められた
あかしだからな!
お前《まえ》は 明日《あした》…
けち――!!
あっ! ハハ
だからゴーグル
はずしてたなァ
おかわり!
ぬ!
ドキ ドキ

で……
卒業試験《そつぎょうしけん》は
分身《ぶんしん》の術《じゅつ》にする
呼《よ》ばれた者《もの》は
一人《ひとり》ずつ 隣《となり》の
教室《きょうしつ》にくるように
ガーン…
よりによって
あたふた
オレの
一番《ばん》にがてな
術《じゅつ》じゃねーか…
でも
やってやるって
ばよ……
見《み》てろー!!
分身《ぶんしん》の術《じゅつ》!!
ボッワーーン
!

失格《しっかく》!!!!
イルカ先生《せんせい》
……彼《かれ》は もう 三度《ど》目《め》ですし 一応《いちおう》 分身《ぶんしん》はできてます
…あんなの ボクにも できないし
合格《ごうかく》に してあげても ………
ミズキ先生《せんせい》が 何《なん》と言《い》おうと ダメです!!
皆《みな》3人《にん》には 分身《ぶんしん》してる
しかし ナルトの場合《ばあい》は たった一人《ひとり》… しかも 足手《あしで》まといを 増《ふ》やしているだけです
合格《ごうかく》とは 認《みと》められない

忍者アカデミー
忍
ワイ
ワイワイ
良《よ》くやった さすがオレの 子《こ》だ!!
これで一人前《いちにんまえ》だね オレ達《たち》!!
卒業《そつぎょう》おめでとう!! 今夜《こんや》は ママ ごちそう作《つく》るね!!!
ねェ あの子《こ》……
例《れい》の子《こ》よ 一人《ひとり》だけ落《お》ちたらしいわ!
フン!! いい気味《きみ》だわ……
あんなのが忍《しのび》になったら大変《たいへん》よ
だって本当《ほんとう》はあの子《こ》…
ちょっと それより先《さき》は禁句《きんく》よ
ス…

キー…
キー…
イルカよ 後《あと》で 話《はなし》がある
はい…
ナルト君《くん》
ミズキ 先生《せんせい》…!!
イルカ先生《せんせい》 真面目《まじめ》な 人《ひと》だから…
小《ちい》さい頃《ころ》に 両親《りょうしん》が死《し》んで 何《なん》でも一人《ひとり》で がんばってきた 人《ひと》だからね
だからって なんで オレ ばっかり

君《きみ》には本当《ほんとう》の意味《いみ》で強《つよ》くなって欲《ほ》しいと思《おも》ってるんだよ きっと…
自分《じぶん》に似《に》てると思《おも》ったんじゃないのかな
イルカ先生《せんせい》の気持《きも》ち 少《すこ》しは分《わ》かってあげられないかな
………親《おや》のいない・・・君《きみ》だからこそ……
………
でも…卒業《そつぎょう》したかったんだぁ
仕方《しかた》がない
え?
君《きみ》にとっておきの秘密《ひみつ》を教《おし》えよう

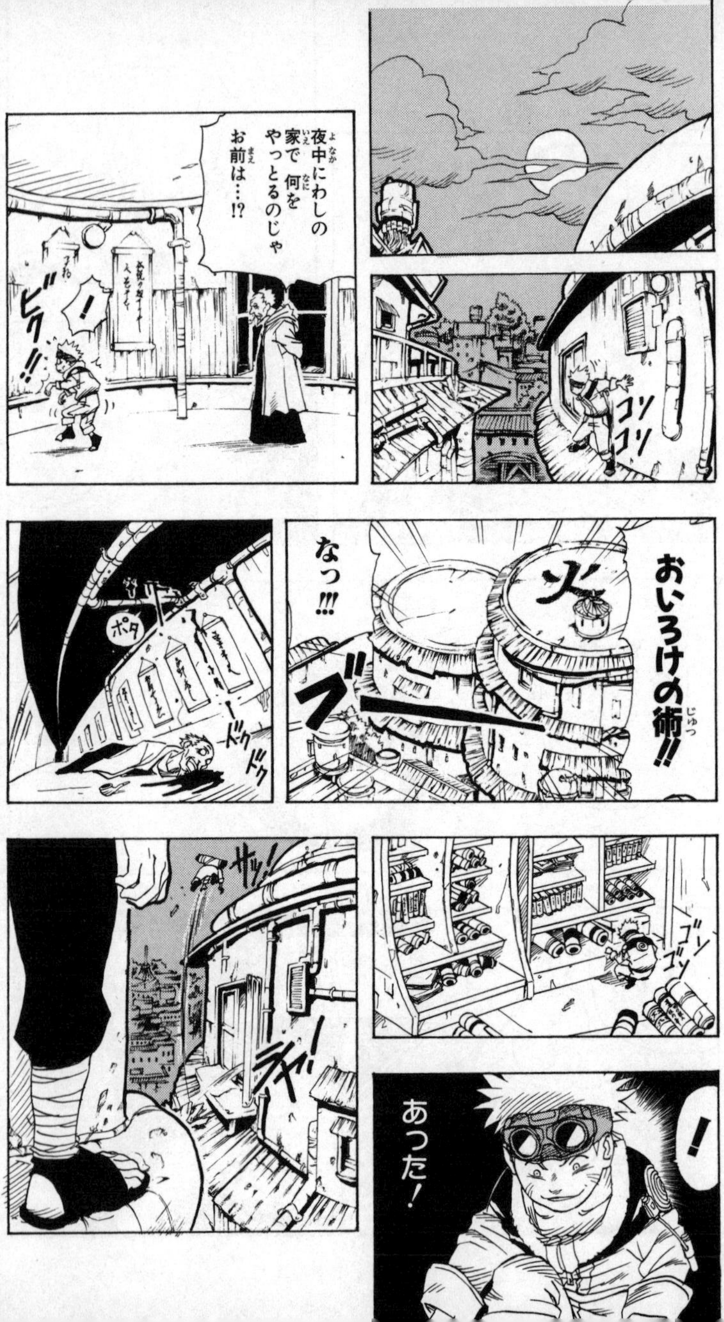

コソコソ
夜中《よなか》にわしの家《いえ》で何《なに》をやっとるのじゃお前《まえ》は…!?
!
ビク!!
おいろけの術《じゅつ》!!
ブー
なっ!!!
ポタ
ドクドクドク
ゴソゴソ
!
あった!
サッ!
ジャ

バサ!
えーと…
最初《さいしょ》の術《じゅつ》は…
「多重影分身《たじゅうかげぶんしん》」?
なんだよ!
なんだよ!
いきなり
にがてな術《じゅつ》
かよ〜〜〜
イルカよ……
何《なん》です
火影様《ほかげさま》
お前《まえ》の気持《きも》ちも
分《わ》からんではないが…
あやつも／お前《まえ》と同《おな》じ
親《おや》の愛情《あいじょう》を……

ウァァァァァ
四代目《だいめ》が来《く》るまで足止《あしど》めをかけろ
はなせー!!
とーちゃんとかーちゃんがまだ戦《たたか》ってんだ!!

ドン！
ドン！
ビク！
どーしたんです？
ガチャ‥
火影様《ほかげさま》の所《ところ》へ集《あつ》まって下《くだ》さい!!
どうやらナルト君《くん》が
いたずらで封印《ふういん》の書《しょ》を持《も》ち出《だ》したらしくて……！
!!
今度《こんど》ばっかりはいたずらではすまされません!!
火影様《ほかげさま》!!
そーだ そーだ
うむ！初代《しょだい》火影様《ほかげさま》が封印《ふういん》した危険《きけん》な書物《しょもつ》じゃ
使《つか》い方《かた》によっては恐《おそ》ろしいことになりかねん……

書《しょ》が盗《ぬす》まれて半日以上《はんにちいじょう》たっておる
急《いそ》いでナルトを捜《さが》すのじゃ!!
はっ!!!
ザッ
ザッ
ザッ
……!
ハァ
ハァ
ハァ
ハァ
ハァ
…森《もり》の方《ほう》へ行《い》ってみるか
この事件《こと》をもう少《すこ》し里《さと》に言《い》い広《ひろ》めその後《あと》ナルトを始末《しまつ》…
ナルトが封印《ふういん》の書《しょ》を持《も》って姿《すがた》をくらましたことにすれば

ハァ ハァ ハァ
ス…
……見《み》つけたぞ コラ!!
あ――!! 鼻血《はなぢ》ブー 見《み》つけ――!!
ザッ!!
バカ者《もの》!! 見《み》つけたのは オレの方《ほう》だ!!
!

へへへ 見《み》つかっちまったか まだ 術《じゅつ》一個《こ》しか 覚《おぼ》えてねーのに
お前《め》ェ ボロボロじゃ ねーか…… いったい何《なに》してた?
そんなこと より!! あのさ! あのさ!
これから すっげー術《じゅつ》 見《み》せっから!!
それ できたら 卒業《そつぎょう》させて くれよな!!
…じゃあ
…ここで術《じゅつ》の練習《れんしゅう》を してたのか…?
こんなに なるまで……
ナルト…
ん?
その背中《せなか》の 巻物《まきもの》は どうした?
あっ! これ!?
ミズキ先生《せんせい》が この巻物《まきもの》のこと 教《おし》えてくれたん だってばよ
んで… この場所《ばしょ》も ……

この巻物《まきもの》の術《じゅつ》
見《み》せれば
卒業《そつぎょう》 間違《まちが》い
ないってよ!!
…ミズキ———!?
ガガガ
ザザ
ガガ

よくここが分《わ》かったな
ぐふっ!!
グッ
なるほど…そーいうことか!
?
ナルト
巻物《まきもの》を渡《わた》せ
あのさ!あのさ!
キョロキョロ
どー
なってんの?
コレ!
ナルト!!巻物《まきもの》は死《し》んでも渡《わた》すな!!
ズボッ!

それは禁《きん》じ手《て》の忍術《にんじゅつ》を記《しる》して封印《ふういん》した危険《きけん》なものだ!
ミズキはそれを手《て》に入《い》れるためお前《まえ》を利用《りよう》したんだ!!
ザッ!
ナルト…お前《まえ》が持《も》っていても意味《いみ》がないのだ!
本当《ほんとう》のことを教《おし》えてやるよ!
!!
バ
バカよせ!
12年前《ねんまえ》…バケ狐《ぎつね》を封印《ふういん》した事件《じけん》は知《し》っているな

?
あの事件《じけん》以来《いらい》…
里《さと》では徹底《てってい》した・・ある掟《おきて》が作《つく》られた
…ある掟《おきて》？
しかし…ナルト！
お前《まえ》にだけは決《けっ》して知らされることのない掟《おきて》だ
…オレだけ…!?
…何《なん》なんだその掟《おきて》ってばよ!? どうして…
どんな…
どんな掟《おきて》なんだよ？

ナルトの正体《しょうたい》がバケ狐《ぎつね》だと口《くち》にしない掟《おきて》だ
え?
どっ…どういうことだ!!
イルカの両親《りょうしん》を殺《ころ》し——!!
!!
やめろ!!
つまりお前《まえ》が
里《さと》を壊滅《かいめつ》させた九尾《きゅうび》の妖狐《ようこ》なんだよ!!

お前《まえ》は憧《あこが》れの火影《ほかげ》に封印《ふういん》された挙《あ》げ句《く》――
やめろー!!
里《さと》のみんなにずっと騙《だま》されていたんだよ!!
おかしいとは思《おも》わなかったか?あんなに毛嫌《けぎら》いされて!
イルカも本当《ほんとう》はな!
ザ
お前《まえ》が憎《にく》いんだよ!!
!!
ナルト!!
ちくしょう
ちくしょう!!
ちくしょ!!
ちくしょう!
ちくしょ!
ちくしょう
ちくしょう!

親《おや》の愛情《あいじょう》を知《し》らず
ぐふっ
里《さと》の者《もの》にはあの事件《じけん》のことでけむたがられる
お前《まえ》なんか誰《だれ》も認《みと》めやしない!!
だから人《ひと》の気《き》をひくために
いたずらをするしかなかったのじゃ
どんなかたちであれ自分《じぶん》の存在価値《そんざいかち》を
認《みと》めて欲《ほ》しかったのじゃよ
その巻物《まきもの》はお前《まえ》を封印《ふういん》するためのものなんだよ!!
グァハハハァ!!
イルカ先生のスケベー
強《つよ》がってはいるがつらいのはナルトの方《ほう》じゃ……

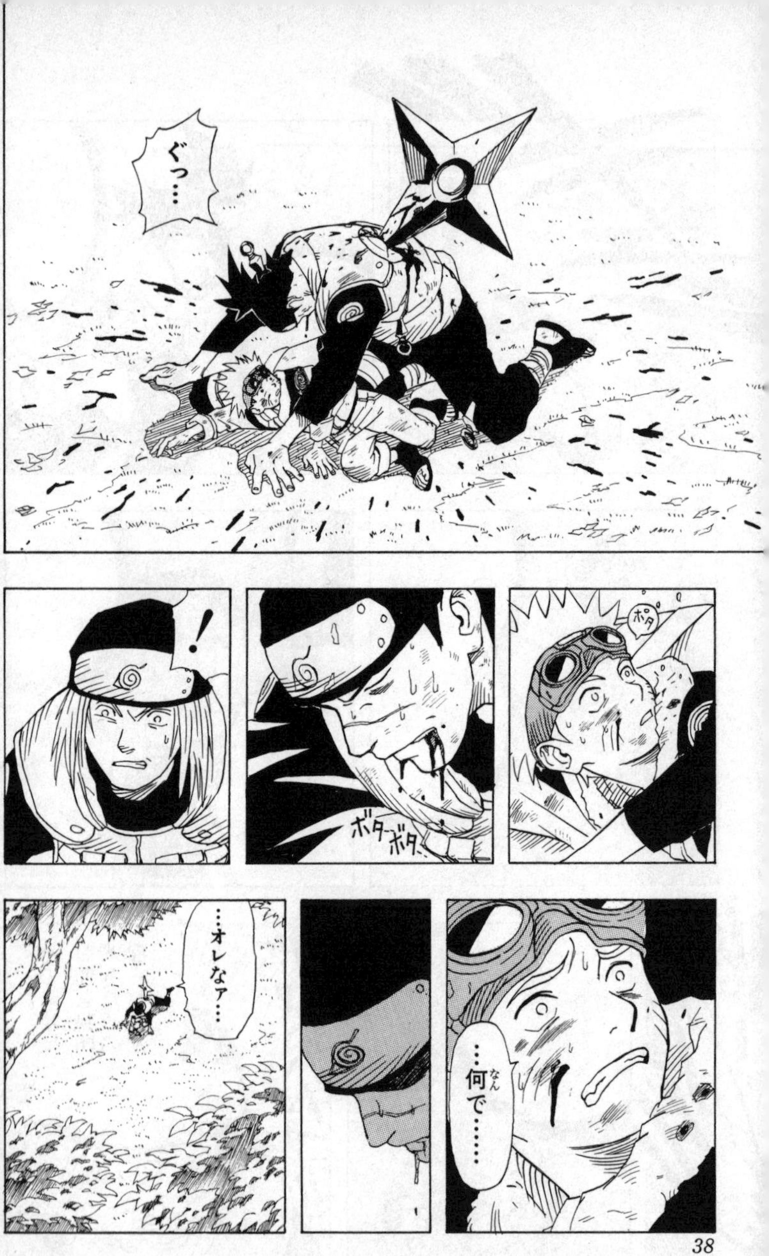

ぐっ…
ポタ
ボタ-ボタ-
！
…何《なん》で……
…オレなア…

両親《りょうしん》が死《し》んだ
からよ……
誰《だれ》もオレを
ほめてくれたり
認《みと》めてくれる
人《ひと》がいなくなった
…寂《さみ》しくてよォ…
クラスでよく
バカやった
ドボン
…人《ひと》の気《き》を
ひきつけた
かったから
優秀《ゆうしゅう》な方《ほう》で
人《ひと》の気《き》が
ひけなかった
からよ
全《まった》く自分《じぶん》って
いうものが
無《な》いよりは
マシだから
ギャハハハハハ
ドキ
ドキ
ずっと
ずっと
バカやって
たんだ
苦《くる》しかった
ポツ

そうだよなぁ… ナルト… さみしかったんだよなぁ… 苦《くる》しかったんだよなぁ…
ごめんなァ… ナルト オレがもっと しっかりしてりゃ
こんな思《おも》い させずに すんだのによ
……

ナルトォ!
ダッ!
ククク
残念《ざんねん》だが
ナルトは
心変《こころが》わりする様《よう》な
奴《やつ》じゃねぇ
フッ
あの巻物《まきもの》を
利用《りよう》し
この里《さと》に
復讐《ふくしゅう》する気《き》だ
さっきの
あいつの目《め》
見《み》たろ!?
妖狐《ようこ》の目《め》だ!
ズグッ
ぐっ!
…ナルトは…
そんな…
奴《やつ》じゃやない…
ハァ
ハァ
ハァ
ハァ

まっ！そんなのはどーだっていいナルトを殺《ころ》して…
ザッ！
あの巻物《まきもの》さえ手《て》に入《はい》りゃそれでいい！お前《まえ》は後《あと》だ!!
ザッ！
ぐっ!!
さ…させるか…!!
やっぱり殺《ころ》しとけばよかったんだ!!
やるなら妖狐《ようこ》の力《ちから》が出《で》る前《まえ》だぞ!!
どのみちろくな奴《やつ》じゃねーんだ
見《み》つけ次第《しだい》殺《や》るぞ!!
おおおお

水晶《すいしょう》でやっとこさ見《み》つけた途端《とたん》これか……
ミズキの奴《やつ》しゃべりおって
ナルトは今《いま》までになく不安定《ふあんてい》じゃな…
術《じゅつ》で押《お》さえられていた力《ちから》が解放《かいほう》するやもしれん…
その上《うえ》 封印《ふういん》の書《しょ》も手《て》の内《うち》にあるとなると……
自力《じりき》で封印《ふういん》を破《やぶ》り九尾狐《きゅうびぎつね》になる可能性《かのうせい》も万《まん》に一つだが考《かんが》えられる
…その時《とき》は……

見《み》つけた!!
ナルト!!
早《はや》く!!巻物《まきもの》をこっちに渡《わた》すんだ!!
ミズキが巻物《まきもの》を狙《ねら》ってる!!
ダッ!
ダッ!
え!?

ドドガガガ
ザザザザ
ハァ
ハァ
グラ‥
…そ……そんな…
スド
ハァ
………どうしてだ…ナルト…

どうして
イルカじゃないと
分《わ》かった…!!
へへへへ
ボン!!
イルカは
オレだ…
ズ…
………
なるほど…

ククク…親《おや》の仇《かたき》に化《ば》けてまであいつをかばって何《なん》になる
お前《まえ》みたいなバカ野郎《やろう》に巻物《まきもの》は渡《わた》さない
バカは お前《まえ》だ ナルトもオレと同《おな》じなんだよ
!
……同《おな》じ?
あの巻物《まきもの》の術《じゅつ》を使《つか》えば 何《なん》だって思《おも》いのままだ

あのバケ狐《ぎつね》が力《ちから》を利用《りよう》しない訳《わけ》がない
あいつはお前《まえ》が思《おも》っているような…
ああ！
キッ
ケッ…やっぱそうだってばよ！ホラな…
イルカ先生《せんせい》も本心《ほんしん》ではオレのこと……………
認《みと》めてねエーーんだ
バケ狐《ぎつね》ならな
けど・・・ナルトは違《ちが》う
あいつは…

あいつは このオレが 認《みと》めた
優秀《ゆうしゅう》な 生徒《せいと》だ
…努力家《どりょくか》で 一途《いちず》で…
そのくせ不器用《ぶきよう》で 誰《だれ》からも認《みと》めて もらえなくて……
あいつは もう 人《ひと》の心《こころ》の苦《くる》しみを 知《し》っている……
今《いま》は もう バケ狐《ぎつね》じゃ ない
ギュゥ…
あいつは 木ノ葉《このは》隠《がく》れの 里《さと》の……

うずまきナルトだ
!
……
ケっ!めでて――野郎《やろう》だな
パキ
ス…
!
ぐっ!!
ドクドク
イルカ…
お前《まえ》を後《あと》にするっつったがやめだ…

さっさと死《し》ね
……これまでか

!!
ガッ
!!
ナルト…!?
……
グッ
……やってくれるじゃねエーか……

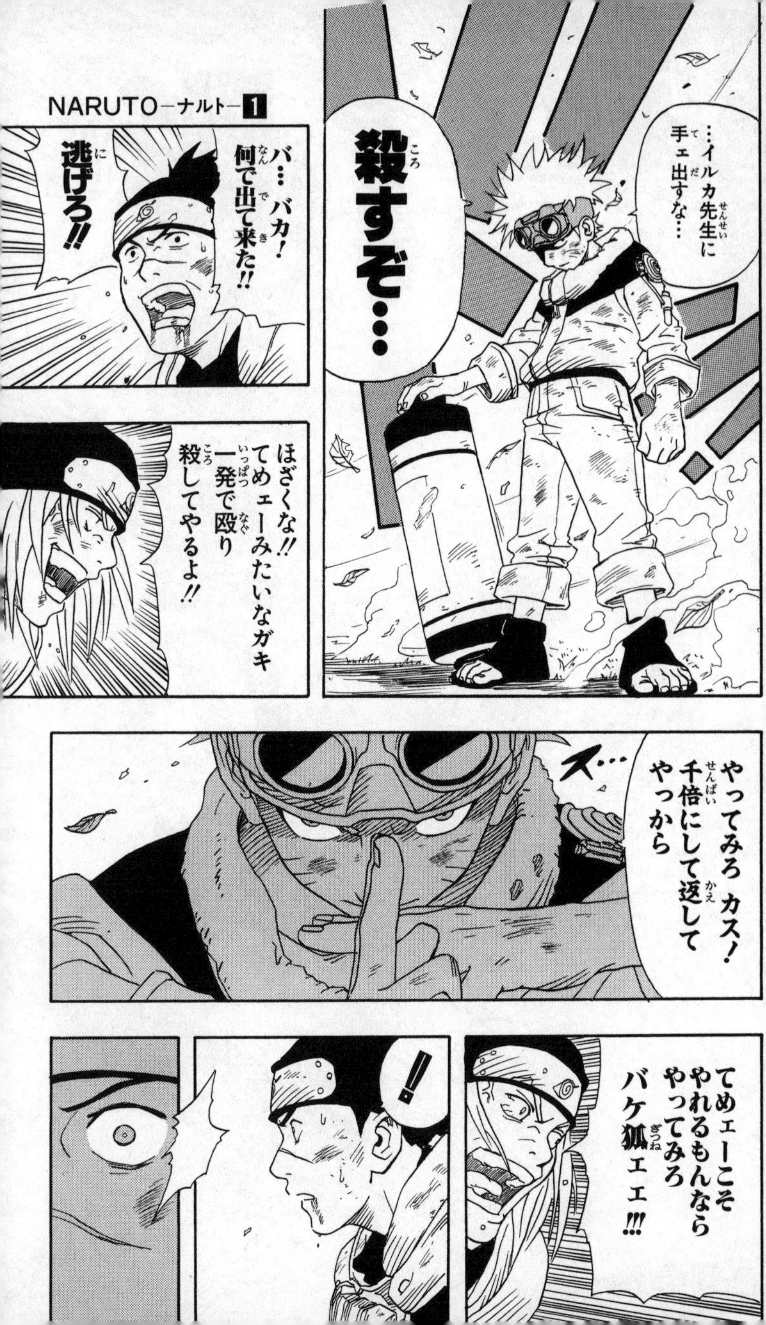
…イルカ先生《せんせい》に手《て》ェ出《だ》すな…
殺《ころ》すぞ…
バ…バカ!何《なん》で出《で》て来《き》た!!
逃《に》げろ!!
ほざくな!!てめェーみたいなガキ一発《いっぱつ》で殴《なぐ》り殺《ころ》してやるよ!!
やってみろ カス!千倍《せんばい》にして返《かえ》してやっから
ズ…
てめェーこそやれるもんならやってみろバケ狐《ぎつね》ェェ!!!
!

影《かげ》分《ぶん》身《しん》の――

術《じゅつ》!!!!
!!!

なっ！
なんだとォ!!!
どうしたよ
来《こ》いってばよ
オレを一発《いっぱつ》で
殴《なぐ》り殺《ころ》すんだろ
ホラ！
ドサ
ナルト…
お前《め》エ……
…それじゃあ
ザワ
ザワ
こっちから
いくぜ
うぎゃあああああ
とりゃ
ベキッ
メキッ

へっ！本当《ほんとう》に千人《せんにん》に分身《ぶんしん》しやがるとは…
…その上《うえ》……
残像《ざんぞう》ではなく実体《じったい》そのものを作《つく》り出《だ》す高等忍術《こうとうにんじゅつ》〝影分身《かげぶんしん》〟
…コイツひょっとすると…本当《ほんとう》にどの火影《ほかげ》をも…
へへ…ちっとやりすぎちゃった
…ナルトちょっとこっち来《こ》い
お前《まえ》に渡《わた》したいもんがある！

ナルトの奴《やつ》見《み》つかったか!?
ガヤ
ガヤ
ダメだ
くそ!! えらいことになった…!!
ガヤ
遠《とお》くへ逃《に》げたのかもしれん
もう心配《しんぱい》することはない
!?
火《ほ》影《かげ》様《さま》…
もうじき帰《かえ》ってくるじゃろ…
先生《せんせい》… まだ?
よし! もう目《め》開《あ》けていいぞ…

卒業《そつぎょう》・・・
おめでとう
今日《きょう》は卒業祝《そつぎょういわ》いだ
ラーメンを
おごってやる!!
ナルト 忍《しのび》にとって
本当《ほんとう》に大変《たいへん》なのは
これからだ!!
って説教《せっきょう》する
つもりだったが
わ!いてーよ!
ま!
それは
ラーメン屋《や》まで
我慢《がまん》しといて
やるかな…

このカットはボクが一番《いちばん》、最初《さいしよ》に描《か》いたナルトです。

この男前《おとこまえ》でゾウリではなくブーツを履《は》いているナルトは昔《むかし》、ジャンプの増刊赤《ぞうかんあか》マルジャンプに描《か》いた時《とき》の読《よ》み切《き》り用《よう》のナルトです。

この読《よ》み切《き》りではNARUTO《ナルト》はまったく忍者漫画《にんじやまんが》ではなく、ただの妖術《ようじゆつ》ものでした。

設定《せつてい》は今《いま》と違《ちが》うものの、ボクが初《はじ》めて描《か》いたキャラクターものの漫画《まんが》で、このナルトのキャラは自分《じぶん》なりにけっこ一気《き》に入《い》っていたので連載《れんさい》に使《つか》っちゃいました。

でもゴーグルを毎回《まいかい》描《か》くのはしんどい！　そこで忍者額当《にんじやひたいあ》てを思《おも》いついたのでした。

木ノ葉《このは》隠《がく》れの里《さと》
いまある一人《ひとり》の少年《しょうねん》が忍者《にんじゃ》になるべく新生活《しんせいかつ》をスタートさせた…
2《ナンバー》：木《こ》ノ《の》葉《は》丸《まる》!!
お前《め》ェ…本当《ほんとう》にそんな顔《かお》で撮《と》るのか!?
いいから!! いいから!! ハイ!!
つたく
ゴソ ゴソ
後悔《こうかい》すんなよ!
ハイ チーズ
カチャ

どーん
ガシャ
No.《ナンバー》2 木《こ》ノ《の》葉《は》丸《まる》!!
へへへ
プロフィール
大好きなもの
忍者登録書
ス……

……………
なかなかいい顔《かお》決《き》まんなくってさ!
それになるまで3時間《じかん》もかかっちまって
いやーでもさ!でもさ!
アートっぽく決《き》まったってーか…
撮《と》り直《なお》し!
ガビーン
それより額《ひたい》当《あ》てはどーした?
明日《あした》の説明会《せつめいかい》までつけねーの!傷《きず》つくから
…ま…ともかく…この忍者登録書《にんじゃとうろくしょ》は里《さと》だけの隠密性《おんみつせい》の高《たか》い…お前《まえ》にとっても大切《たいせつ》な書類《しょるい》じゃぞ…なんじゃこの顔《かお》は!
ガラ
だって!オレ そーゆーのよく分《わ》かんねーんだもん!!
!

じじィ!! 勝負《しょうぶ》だァ コレ!!!
!!!
次《つぎ》から 次《つぎ》へと……
ああ! また 何《なん》てことを…
あ!
……
ゴン
いって エエー——!!!

くっそぉお トラップか コレ!?
ムー…
木ノ葉丸《このはまる》
だ… 大丈夫《だいじょうぶ》でございますか!? お孫様《まごさま》!!
ちなみにどこにもトラップはありません!!
木ノ葉丸《このはまる》の家庭教師《かていきょうし》
エビス
な…なんだ? コイツってば?
フム
こ…こいつは確か…
…フン! 九尾《きゅうび》のガキか…
ギロ
私《わたし》の大嫌《だいきら》いな落《お》ちこぼれだ…
そうか!! 貴様《きさま》が何《なに》かしたんだなコレ!!
てめェーが一人《ひとり》でこけただけだろーがコラァ!!!
コラ!! ナルト!! 手《て》を放《はな》さないか
その方《かた》は三代目《だいめ》火影様《ほかげさま》のお孫《まご》さんだぞ!!
…

なぐれるもんなら なぐってみろ!!
火影《ほかげ》の孫《まご》って分《わ》かったとたん コレだもんな
ンなの知《し》るかってばよ
ボケ!!!
いってェエエエ――――!!
ゴチ
フン… こいつもしょせん めがね教師《きょうし》やみんなと同《おな》じに決《き》まってるんだ…
アタフタ
なにィ――――!!!
やれやれ…
ピタ
ササ
ササ

ついてくんな!!! 何《なん》だってばよォ!!!
ザッ!!
だからバレバレだっつーの!!! バカ!
フフフ… よくぞ見《み》やぶった! コレ!! さすが 噂通《うわさどお》りの男《おとこ》!
オレ お前《まえ》の子分《こぶん》になってやってもいいぞ コレ
は?
ピッ!
そのかわり……
カッ!!
火影《ほかげ》のじじィを倒《たお》した おいろけの術《じゅつ》というのを教《おし》えてくれ!! 頼《たの》む
親分《おやぶん》!!
!
……オヤブン…

あれ？ くそ！ また逃《に》げられた!?
キョロ キョロ
どうやら ナルトの後《あと》を つけていきおった
はあ〜〜〜… なんで あんなふうに 育《そだ》ってしもーたん じゃろ…
ダッ!!
何《なん》と それは 一大事《いちだいじ》!!
今《いま》ので 本日《ほんじつ》 20回目《かいめ》の奇襲《きしゅう》 じゃったかな？
…ナルトと一緒《いっしょ》にいるとなると 余計《よけい》 心配《しんぱい》じゃな…
あやつにバカなことを 吹《ふ》き込《こ》まれなければ 良《よ》いのじゃが…
いいかぁ―― 基本《きほん》は ボン!! キュッ!! ボン!! だ やれェ――――!!!
オッス 親分《おやぶん》!!! 変化《へんげ》!!!
ダメ――!!!!

違ーーう!!
もっとスレンダーに!
もっとビューチフルに!!!
オッス!!
親分!!!
…私《わたし》は何人《なんにん》もの未来《みらい》の火影候補生《ほかげこうほせい》を育《そだ》ててきたエリート教師《きょうし》!!
私《わたし》の生徒《せいと》につく虫《むし》は排除《はいじょ》する!!
ジャィーー
この私《わたし》が忍術《にんじゅつ》を教《おし》えれば火影《ほかげ》の名《な》を語《かた》るなど簡単《かんたん》
居《い》た!!!
シャ!!
一番《いちばん》の近道《ちかみち》なのですぞ!!お孫様《まごさま》!!
ところで…
何《なん》でお前《まえ》ってばそんなに火影《ほかげ》のじいちゃんに
食《く》ってかかんだ?
!

……木ノ葉丸《このはまる》って名前《なまえ》……じいちゃんがつけてくれたんだ
この里《さと》の名前《なまえ》にあやかって
でもこれだけ里《さと》で聞《き》きなれた響《ひび》きの名前《なまえ》なのに…
誰一人《だれひとり》その名前《なまえ》で呼《よ》んでくんない!
!
みんな オレを見《み》る時《とき》やオレを呼《よ》ぶ時《とき》
ただ 火影《ほかげ》の孫《まご》として見《み》やがんだ
誰《だれ》もオレ自身《じしん》を認《みと》めてくんない
もう やなんだ そんなの!!
だから今《いま》すぐにでも火影《ほかげ》の名前《なまえ》がほしーんだ!!
……

バーカ!! お前《まえ》みたいな奴《やつ》 誰《だれ》が認《みと》めるか!
え!?
ガキが語《かた》るほど簡単《かんたん》な名前《なまえ》じゃねェんだよ
バッ!
なに!?
簡単《かんたん》じゃねェーんだ バーカ!……
!
……火影《ほかげ》 火影《ほかげ》って…
そんなに火影《ほかげ》の名前《なまえ》がほしけりゃな…
な…… なんだよ!!
このオレをぶっ倒《たお》してからにしろ!!

ズッ
三代目《だいめ》捜《さが》しましたよ!
イルカか?
忍者登録書《にんじゃとうろくしょ》ナルトの奴《やつ》ちゃんと提出《ていしゅつ》しました?
うむ!
テクテク
昨日《きのう》ラーメン屋《や》で説教《せっきょう》してやったんですが!
いっぱしの忍者《にんじゃ》になって里《さと》のみんなに自分《じぶん》のこと認《みと》めさせてやるってもう浮《う》かれっぱなしで…
へへへ
サク

ナルトの夢《ゆめ》は なかなか キビシイかも しれんのォ…
え？
お前《まえ》も 知《し》っとる通《とお》り
ナルトが 九尾《きゅうび》の化《ば》け狐《ぎつね》だと 知《し》っておるのは 12年前《ねんまえ》 あの化《ば》け物《もの》と戦《たたか》った 大人達《おとなたち》だけじゃ
そして 以降《いこう》 ワシは このことを 口外無用《こうがいむよう》とし
掟《おきて》を 破《やぶ》った者《もの》には 厳《きび》しい罰《ばつ》を 与《あた》えてきた
よって 今《いま》の子《こ》らは そのことを知《し》らぬ
ナルトにとって それがせめてもの 救《すく》いじゃ
………
四代目《だいめ》は 里《さと》の者《もの》たちに ナルトを英雄《えいゆう》として 見《み》てほしかった
…そう願《ねが》って 封印《ふういん》し 死《し》んだ
ヒュウ…
英雄《えいゆう》？

四代目《だいめ》は…へその尾《お》を切《き》ったばかりの赤子《あかご》のへそに九尾《きゅうび》を封印《ふういん》したのじゃ
ナルトは里《さと》のために九尾《きゅうび》のバケ狐《ぎつね》の器《いれ》れ物《もの》になってくれたのじゃよ
しかし 里《さと》の大人達《おとなたち》はそういう目《め》ではナルトを見《み》ぬ
それどころか今《いま》や大人達《おとなたち》のナルトへの態度《たいど》が
知《し》らず知《し》らず子供達《こどもたち》にまで伝《つた》わってしまっとるほどじゃ…
イルカよ…知《し》っているか？
何《なん》です？
人間《ひと》が他人《たにん》を嫌《きら》いその存在《そんざい》を認《みと》めないとき…
……その存在《そんざい》を見《み》る人間《ひと》の目《め》は…
恐《おそ》ろしいほど
…冷《つめ》たい目《め》になるのじゃよ

見《み》つけましたぞ!!
!!
え!!!
フン
化け狐《ナルト》め…
ギロ
…くっ…
また
あの目《め》だ…
…どいつも
こいつも…
ザッ
さっ！お孫様《まごさま》
帰《かえ》りましょ！
スタ
ヤダ!!
オレはじじィ
倒《たお》して火影《ほかげ》の
名前《なまえ》もらうんだ
今《いま》すぐ!!
邪魔《じゃま》しにくんな!!
火影様《ほかげさま》とは
仁《じん》・義《ぎ》・礼《れい》・智《ち》・忠《ちゅう》・信《しん》・孝《こう》・
悌《てい》の理《ことわり》を知《し》り
千《せん》以上《いじょう》の術《じゅつ》を
使《つか》いこなせて
はじめて… ん？
テクテク
まだ言ってら
コイツ
変化《へんげ》!!!

くらえ!!
おいろけの術《じゅつ》!!!
ガーン
……
あれ? きかねェ!!
キィーー!!
な… なっ…!
なんという お下品《げひん》な 術《じゅつ》をおお!!!
私《わたし》は紳士《しんし》です!!! そのような 超低俗《ちょうていぞく》な術《じゅつ》には!!!
決《けっ》・して・かかり ませんぞォ!!!
むかッ
……
お孫様《まごさま》!! そんなふざけた 奴《やつ》と一緒《いっしょ》にいると
バカになる 一方《いっぽう》ですよ!!!
私《わたし》の言《い》う 通《とお》りにする のが 火影《ほかげ》の名《な》をもらう 一番《いちばん》の近道《ちかみち》 なのですぞ!! ささっ 帰《かえ》りましょ
フグウウ
バタバタ
ヤダァー!!!
ズズズズ
影分身《かげぶんしん》の術《じゅつ》!!!

!
!
うっわあぁ!!
スッゲェー!!!
コレ!!!
フン! くだらない! こう見《み》えても私《わたし》はエリート教師《きょうし》…
ミズキなどとは違《ちが》うんですよ…
変化《へんげ》!!!
!
ん?

ほふワー
ブ!!
ゴン

名《な》づけて
ハーレムの術《じゅつ》!!!!
分身《ぶんしん》の術《じゅつ》と おいろけの術《じゅつ》を 複合《ふくごう》させおったのか…
また くだらん術《じゅつ》を 作《つく》りおって…ワシなんかモロ 引《ひ》っかかるぞ!! たぶん…
くっそおお!!! また めがね教師《きょうし》すら 倒《たお》せなかった!! コレ!!
オレは早《はや》くみんなに 認《みと》められる 名前《なまえ》がほしーのにィ なぜだ コレ!!?
そう簡単《かんたん》に いくか バカ
ポカ
里《さと》の誰《だれ》もが認《みと》める 最高《さいこう》の忍者《にんじゃ》 火影《ほかげ》って名前《なまえ》を 奪《うば》うってんだ からよ
むむ〜〜

色々《いろいろ》やなこと だらけで
色々《いろいろ》迷《まよ》うこと ばっかだろーし
オレだって オレのこと認《みと》めて くれる人《ひと》が
一人《ひとり》 できたけど
それだけでも スッゲー大変《たいへん》だったんだぞ!!
やっぱ 覚悟《かくご》しとかな きゃな
ザ!
……覚悟《かくご》?
みんながみんな 認《みと》めてくれる
火影《ほかげ》って スゲー名前《なまえ》 語《かた》るのによーお!
!
フワ…

ぜってエー!
近道《ちかみち》なんかねエーってことはよ!!
火影《ほかげ》の名前《なまえ》がほしけりゃな…
このオレをぶっ倒《たお》してからにしろ!!
フン
えらそーに説教《せっきょう》なんかしちゃってさコレ!
………
オレもう子分《こぶん》なんかやーめた!
………

これからは……
ライバルだ
へへへ
へっ
お前《まえ》にゃ悪《ワ》リーがオレってば明日《あした》っから一足先《ひとあしさき》に忍者《にんじゃ》だ！
でも…ま！いつか火影《ほかげ》の名《な》をかけてお前《まえ》とは勝負《しょうぶ》してやんよ
ザ
…それまで楽《たの》しみにしとけよな
木ノ葉丸《このはまる》!!
「本当《ほんとう》の忍者《にんじゃ》」への道《みち》はまだまだこれから…
そう知《し》りながらも火影《ほかげ》は優《やさ》しく微笑《ほほえ》んでいたという
この小《ちい》さな少年《しょうねん》ナルトの大《おお》いなる夢《ゆめ》と困難《こんなん》への道《みち》を見据《みす》えて…

木《こ》ノ《の》葉《は》隠《がく》れの基本《きほん》忍《しのび》スタイル

［巻物《まきもの》ポーチ］
木《こ》ノ《の》葉《は》ベストの
左右《さゆう》にある巻物《まきもの》
ポーチ。
巻物《まきもの》は下《した》向《む》きに
引《ひ》き抜《ぬ》く。
薬《くすり》や小《ちい》さな忍具《にんぐ》も
入《い》れておける。

［額当《ひたいあ》て］
こういうふうにも
できる

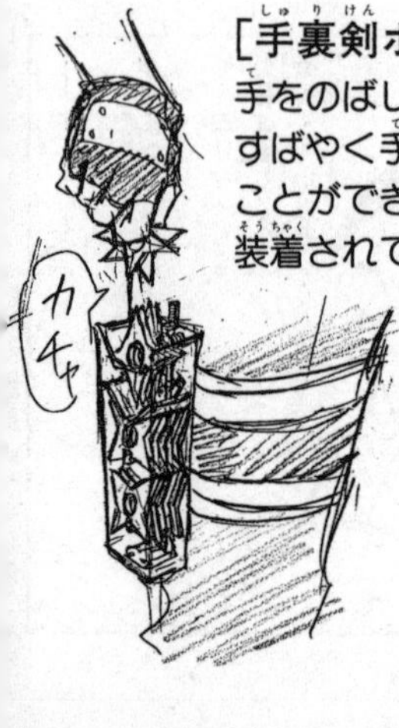

［手裏剣《しゅりけん》ホルスター］
手《て》をのばした時《とき》に
すばやく手《て》に取《と》る
ことができる位置《いち》に
装着《そうちゃく》されている。

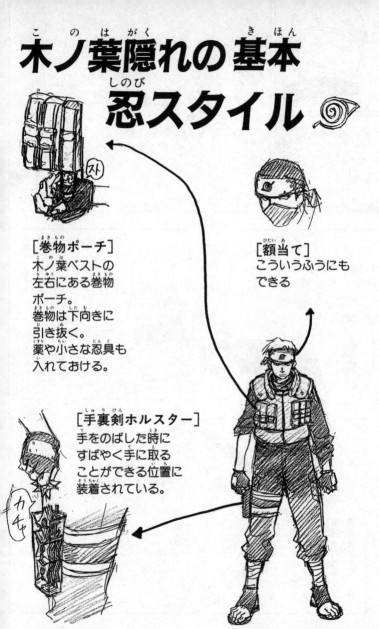

《ナンバー》3：
うちはサスケ!!

丹
質屋
魚
のび のび
ふあ〜〜〜
プル プル
牛乳
常勝
やったら
ー人生
モグ モグ
ゴク ゴク
うし

忍べ
だんご
HAPPY
栗栗栗
木ノ葉隠れの里
岸本斉史
せんじ茶
へへへへ

アレ？
ナルトォ！
なんで　お前《まえ》が
ここに
いんだよ！
今日《きょう》は
合格者《ごうかくしゃ》だけの
説明会《せつめいかい》だぜ
お前《まえ》さ　お前《まえ》さ
この額《ひたい》当《あ》てが
目《め》に入《はい》ンねー
のかよ
ちょっと
そこの席《せき》
通《とお》してくれる！
！
ポッ♡
サ…
サクラちゃん!!
春野《はるの》　サクラ
オレにとって
何《なん》だか気《き》になる
カワイイ女《おんな》の子《こ》
も…
もしかして
オレの隣《とな》りに…
ドキ　ドキ
しゃーんなろー!!
ナルト　どけ！
私《わたし》はアンタの
むこう側《がわ》に
座《すわ》りたいのよ！
え？

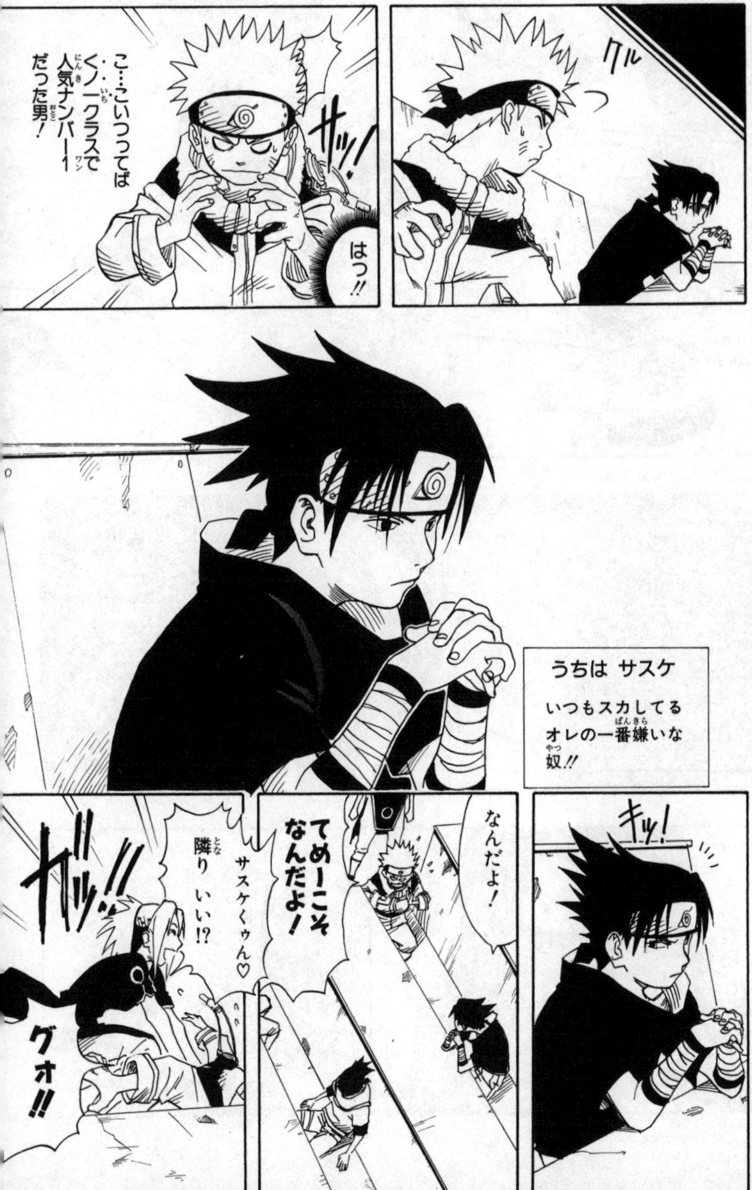
クル
サッ!
はっ!!
こ…こいつってば くノ一《いち》クラスで 人気《にんき》ナンバー1《ワン》 だった男《おとこ》!
うちは サスケ
いつもスカしてる オレの一番嫌《ばんきら》いな 奴《やつ》!!
キッ!
なんだよ!
てめーこそ なんだよ!
サスケくぅん♡ 隣《とな》り いい!?
ガッ!!
グオ!!

ちょっと何よ この女!
ハハハ
スー スー
スス…
ムッスーー!
こう ねらいを さだめてさ
ガヤ
だから…そういうのは風化すんだよ
ガヤ
うん!うん!
今日《きょう》こそサスケ君《くん》をゲットしてやるわ!!
ポッ♡
内なるサクラ
ファーストキッスは私《わたし》が奪《うば》うのよ!!
しゃんなろーー!!
ムム〜〜〜
スス…
スス…
サクラちゃん目《め》がイッちまってる
こんな奴《やつ》のどこがそんなにイイんだってばよ
…分《わ》からん…

じっろー!!
てめェー
ナルト!
サスケ君《くん》に
ガンたれてんじゃ
ないわよ!!
どけ!
フン
サスケ君《くん》
そんな奴《やつ》
やっちゃいな…
そーよ!
そーよ!
ドン
え?
えー
うっそーー!!
あ!…
わりィ!
え…
え…

ブチュ!!!
ドゴーン!!
てめ… ナルト! 殺《ころ》すぞ!!
オエー!!
え!?・オ…オレのせい…
プル プル
ぐおおォォ 口《くち》が腐《くさ》るウウ~~~!!!
オエー!!
あちゃ!
はっ!!
殺気《さっき》!!
ソ~~

事故《じこ》…事故《じこ》だってばよ!!
アセ アセ
プルプル
…ナルト…あんたね…
ポキ パキ
うざい！
え？
プス プス
今日《きょう》から君達《きみたち》はめでたく一人前《いちにんまえ》の忍者《にんじゃ》になったわけだが…
ピク‥
しかしまだまだ新米《しんまい》の下忍《げにん》
本当《ほんとう》に大変《たいへん》なのはこれからだ！
え――…これからの君達《きみたち》には里《さと》から任務《にんむ》が与《あた》えられるわけだが
忍
今後《こんご》は3人1組《スリーマンセル》の班《はん》を作《つく》り……
各班《かくはん》ごとに一人《ひとり》ずつ上忍《じょうにん》の先生《せんせい》が付《つ》き
その先生《せんせい》の指導《しどう》のもと任務《にんむ》をこなしていくことになる

ちィ…
3人1組《スリーマンセル》か
足《あし》出《で》まといが増《ふ》えるだけだな…
絶対《ぜったい》!!サスケ君《くん》と一緒《いっしょ》になるわよ!!
まずサクラちゃんと
…他《ほか》はサスケ以外《いがい》なら誰《だれ》でもいいや!
班《はん》は力《ちから》のバランスが均等《きんとう》になるようこっちで決《き》めた
え――!!
じゃ次《つぎ》7班《はん》
春野《はるの》サクラ…うずまきナルト!
ヤッター!!
ガク…
それと…うちはサスケ
しゃーんなろー!!
ガク!!

イルカ先生《せんせい》!! よりによって 優秀《ゆうしゅう》な このオレが!
何《なん》でコイツと 同《おな》じ班《はん》 なんだってばよ!!
……… サスケは卒業生《そつぎょうせい》 27名中《めいちゅう》一番《ばん》の 成績《せいせき》で卒業《そつぎょう》
ナルト… お前《まえ》はドベ!
いいか! 班《はん》の力《ちから》を 均等《きんとう》にすると しぜーんと こうなんだよ
フン…
せいぜいオレの 足引《あしひ》っぱって くれるなよ
ピク ピク
ドベ!
ムムム~~
何《なん》だとォ コラァ!!!
いいかげんに しなさいよ ナルト!!
フー

…ま…どうにか やっていけそうかな！
ポカ ポカ
うわあああ ああ
ナルトの奴《やつ》も…
じゃ みんな 午後《ごご》から 上忍《じょうにん》の先生達《せんせいたち》を 紹介《しょうかい》するから
それまで 解散《かいさん》！
サスケのヤロー!!
…それに サクラちゃん まで…
ハーあ…
くそ！ くそ！
なんか いいこと ねーかなぁ…
……
…よーしィ…

ザッ…
…サスケがスキ見《み》せんのは
飯《メシ》食《く》ってる時《とき》だけだ…
シュ!!
ぬおおお!
ズズズ
てめェ… ナルトだな!!
くそ!! おとなしく…
ドタドタバタドタ
ガツ
じーーん
ス…
フン… バカが

ハーー
お色気《いろけ》でせまっても…
私《わたし》は胸《むね》もお尻《しり》も人並《ひとなみ》以下《いか》…人並《ひとなみ》以上《いじょう》はデコの広《ひろ》さだけ
…どーやったら…
コンプレックスなのよねェ このオデコ…
!
え？ うそ！
サスケ君《くん》がこっち見《み》てる!!
キャ♡
それも、あんな熱《あつ》い眼差《まなざ》しで
なんだか 私《わたし》の心《こころ》…見《み》すかされそう…

お前《まえ》…
チャーミングな
広《ひろ》いオデコ
してんな
思《おも》わずキス
したくなるぜ
そのための
面積《めんせき》です♡
ズ…
あ!
ハ〜〜〜ア…
…なーんて…
メルヘン信《しん》じてる
ガキじゃ
あるまいし…
…そんなワケ
ないわよね
お前《まえ》 チャーミングな
広《ひろ》いオデコしてんな
ドキ!
え!
思《おも》わず
キスしたく
なるぜ

メルヘーン
しゃーんなろー!!
内なるサクラ
ゲット!!!
なーんてなナルトならそう言《い》うだろーな
ガク…
ずーん
サクラ お前《まえ》に一つ聞《き》いときたいことがある
ストン!
え?
ナルト…どう思《おも》う?
………
…人《ひと》の恋路《こいじ》の邪魔者《じゃまもの》が すっかり板《いた》についてきて
私《わたし》が四苦八苦《しくはっく》してんのを楽《たの》しんでる……
ナルトは私《わたし》のことなんて 何《なに》一つ分《わ》かってない……・・・うざいだけよ
私《わたし》は ただ…サスケ君《くん》ただ一人《ひとり》に
みとめてもらいたいだけ……

…サスケ君《くん》
ただ一人《ひとり》に…
みとめて
もらいたいだけ
私《わたし》… 必死《ひっし》だもん
みとめてもらえる
ためなら
何《なん》だってできるよ
ズイ…
ドキ
好《す》きだから…
ドキ
ドキ
ドキ
ドキ
う~
サクラちゃんを
何《なん》で好《す》きなのか…
今《いま》やっと、
分《わ》かった気《き》がする…
グググ
うぐ

くそ!!
ゴンゴン
ナルトのヤロー…変化《へんげ》の術《じゅつ》でオレに化《ば》けやがって…
いったい何《なに》を…
!!
はうっ!!
ギュルルルルル
?
ギュルルルル
は…腹《はら》がぁ…
ど…どうしたの?
こんな時《とき》にゲリかよォ!!
す…すぐもどるから…
…サスケ君《くん》たらシャイなんだからぁん!
心《こころ》の準備《じゅんび》がいるのかなぁ…

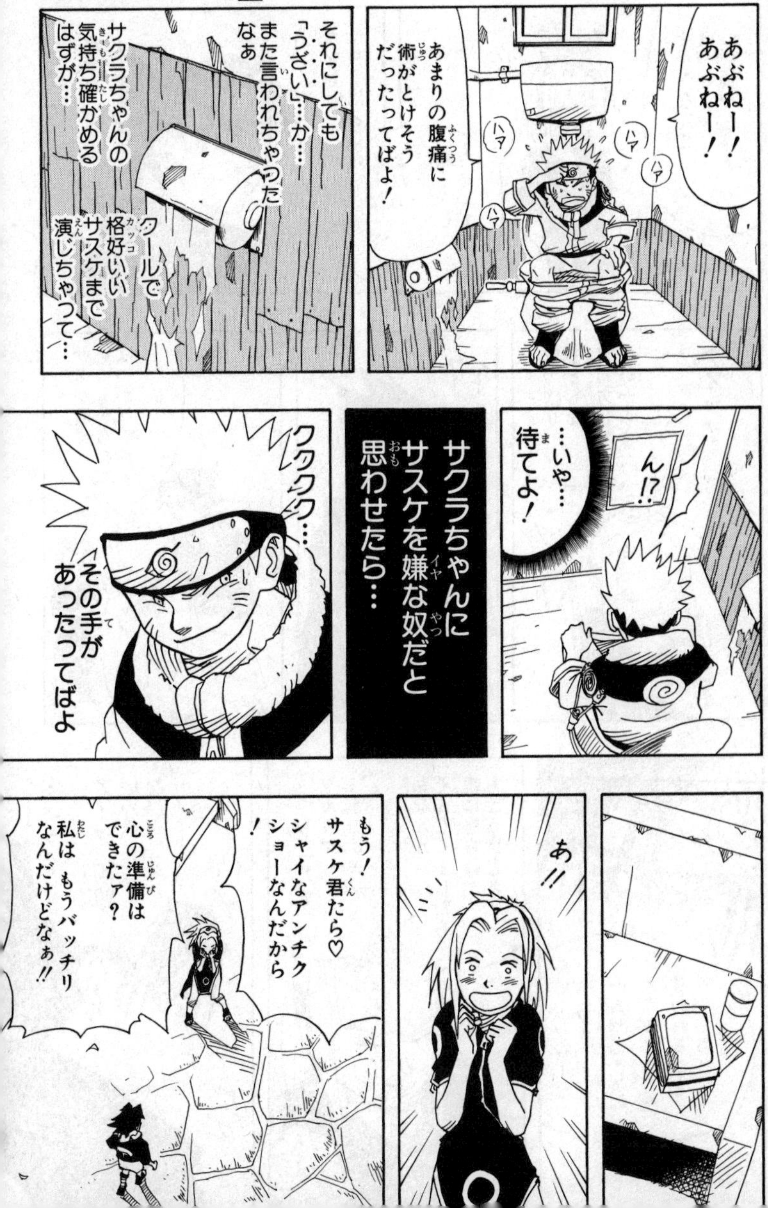
あぶねー！ あぶねー！
ハァ
ハァ
ハァ
ハァ
あまりの腹痛《ふくつう》に 術《じゅつ》がとけそう だったってばよ！
それにしても 「うざい」…か… また言《い》われちゃった なぁ
サクラちゃんの 気持《きも》ち確《たし》かめる はずが…
クールで 格好《カッコ》いい サスケまで 演《えん》じちゃって…
ん!?
…いや… 待《ま》てよ！
サクラちゃんに サスケを嫌《イヤ》な奴《やつ》だと 思《おも》わせたら…
クククク…
その手《て》が あったってばよ
あ!!
もう！ サスケ君《くん》たら♡ シャイなアンチク ショーなんだから！
心《こころ》の準備《じゅんび》は できたァ？ 私《わたし》は もうバッチリ なんだけどなぁ!!

そろそろ集合《しゅうごう》だ
ナルトのヤローはどこ
まーたまたぁ話《はなし》そらしちゃってー
イラ イラ イラ
ナルトなんてほっときゃいいじゃない！
サスケ君《くん》にいつもからむばっかりでさ！
サ!
サッ!!
テク テク
やっぱりまともな育《そだ》ち方《かた》してないからよ
アイツ！
フム！
…ホラ！アイツ両親《りょうしん》いないじゃない!?
ピタ
いつも一人《ひとり》でワガママしほーだい!!
私《わたし》なんかそんなことしたら親《おや》に怒《おこ》られちゃうけどさ！
いーわねーホラ！一人《ひとり》ってさ！
ガミガミ 親《おや》に言《い》われることないしさ

だから いろんな
とこでワガママが
出《で》ちゃうのよ
ザワ…
…孤独《こどく》
え?
…親《おや》に
しかられて
悲《かな》しいなんて
レベルじゃねーぞ
…ど…
どうしたの
急《きゅう》に……
オロ! オロ!
お前《まえ》
うざいよ

くっそー!!
やっとおさまったってばよ!
トイレットペーパー
15cmまで
カラカラ
フキ
フキ
サクラちゃん
まだ待《ま》ってくれてっかな!?
ダッ!
ハァ
ハァ
あ――っ!!!
ピタ!
なっ!
なんでお前《まえ》がここにィ!!
忍者《にんじゃ》には縄抜《なわぬ》けの術《じゅつ》ってのがあんだ…
覚《おぼ》えとけドベ
あ!

……
うざいよ…かぁ…
…ナルトもこんな気持《きも》ちだったのかな……
次《つぎ》からはもう少《すこ》し…やさしくできるかな私《わたし》…
ここがナルトの家《いえ》ねェ……
そうだ
…この牛乳《ぎゅうにゅう》かなり賞味期限《しょうみきげん》が過《す》ぎている…
まぬけな奴《やつ》だがお前《まえ》に見張《みは》らせるのが一番《ばん》だお前《まえ》は鼻《はな》がきく
それから……お前《まえ》の受《う》け持《も》つ班《はん》には例《れい》のうちは一族《いちぞく》のサスケもいるぞ
健闘《けんとう》を祈《いの》る！
こりゃ大変《たいへん》なことになりそうだ…
了解《りょうかい》

右《みぎ》のカットはボクがジャンプに初《はじ》めて投稿《とうこう》した『カラクリ』という漫画《まんが》です。
この『カラクリ』がホップ☆ステップ賞《しょう》で賞《しょう》に入《はい》り、今《いま》の担当《たんとう》さんにひろってもらってマンガ家《か》の道《みち》を歩《ある》くことになりました。
ボクにとっては思《おも》い出深《でぶか》い作品《さくひん》です。それにしてもスゲーこえー目《め》をした主人公《しゅじんこう》だな。

この右《みぎ》のカットは初《はじ》めてジャンプ本誌《ほんし》に載《の》ったボクの漫画《まんが》。やっぱりタイトルは『カラクリ』です。人気《にんき》はダントツのドベ！
これも思《おも》い出深《でぶか》い作品《さくひん》になりました。

《ナンバー》4：はたけカカシ!!

ム～～～
うなぎ
キョロ
キョロ
ナルト！じっとしときなさいよ!!
クル
何《なん》で オレ達《たち》 7班《はん》の先生《せんせい》だけ
こんなに来《く》んのが遅《お》せーんだってばよォ!!
ほかの班《はん》は みんな新《あたら》しい先生《せんせい》とどっか行《い》っちまったし
イルカ先生《せんせい》も帰《かえ》っちまうし！
ちょっと!!
何《なに》やってんのナルト!!

ニシシシ
グイ
遅刻《ちこく》して来《く》る奴《やつ》がわりーんだってばよ!!
ザッ!!
ったくもーー!
私《わたし》!知《し》らないからね!!
こうゆーのけっこー好きなのよー!!
内なるサクラ
わくわく
フン
上忍《じょうにん》がそんなベタなブービートラップに引《ひ》っかかるかよ
ス…

ガラ‥
グッ
!
きゃははは!!
引《ひ》っかかった!! 引《ひ》っかかった!!
先生《せんせい》 ごめんなさい 私《わたし》は止《と》めたんですが ナルト君《くん》が…
OK!! OK!!
内なるサクラ
よみ通りの ベタなオチー!!
……これで本当《ほんとう》に 上忍《じょうにん》か？
頼《たよ》りなさそうな 奴《やつ》だな…
ん――
…なんて言《い》うのかな
お前《まえ》らの 第《だい》一印象《いんしょう》はぁ ……
ハハー
嫌《きら》いだ!!
……
ズーン

そうだな…まずは自己紹介《じこしょうかい》してもらおう
…どんなこと言《い》えばいいの?
…そりゃあ好《す》きなもの嫌《きら》いなもの…
将来《しょうらい》の夢《ゆめ》とか趣味《しゅみ》とか…ま!そんなのだ
あのさ!あのさ!それより先《さき》に先生《せんせい》自分《じぶん》のこと紹介《しょうかい》してくれよ!
そうね…見《み》た目《め》ちょっとあやしいし
あ……オレか?オレは「はたけ・カカシ」って名前《なまえ》だ好《す》き嫌《きら》いをお前《まえ》らに教《おし》える気《き》はない!
将来《しょうらい》の夢《ゆめ》…って言《い》われてもなぁ…ま!趣味《しゅみ》は色々《いろいろ》だ………

ねェ…結局《けっきょく》分《わ》かったの…
…名前《なまえ》だけじゃない？…
じゃ 次《つぎ》はお前《まえ》らだ右《みぎ》から順《じゅん》に…
オレさ！オレさ！名前《なまえ》はうずまきナルト！好《す》きなものはカップラーメン
もっと好《す》きなものはイルカ先生《せんせい》におごってもらった一楽《いちらく》のラーメン!!
嫌《きら》いなものはお湯《ゆ》を入《い》れてからの3分間《ぷんかん》
将来《しょうらい》の夢《ゆめ》はァ
こいつラーメンのことばっかだな…
火《ほ》影《かげ》を超《こ》す!!
ンでもって
里《さと》の奴《やつ》ら全員《ぜんいん》にオレの存在《そんざい》を認《みと》めさせてやるんだ!!

なかなか
おもしろい
成長《せいちょう》をしたな
こいつ…
趣味《しゅみ》は…
イタズラかな
なるほど
ね…
次《つぎ》!
名《な》は
うちはサスケ
嫌《きら》いなものなら
たくさんあるが
好《す》きなものは
別《べつ》にない
それから…
夢《ゆめ》なんて
言葉《ことば》で終《お》わらす
気《き》はないが
野望《やぼう》はある!
一族《いちぞく》の復興《ふっこう》と
ある男《おとこ》を 必《かなら》ず…
殺《ころ》すこと
だ

かっこいい…♡
…オレのことじゃないだろな…
………
…やはりな…
よし…
じゃ最後《さいご》女《おんな》の子《こ》……
私《わたし》は春野《はるの》サクラ
好《す》きなものはぁ…
…ってゆーかあ
好《す》きな人《ひと》は…
チラ…
えーとぉ…
…将来《しょうらい》の夢《ゆめ》も言《い》っちゃおうかなぁ…
キャー!!
………
趣味《しゅみ》はぁ…
チラ
チラ
ガーン
嫌《きら》いなものは
ナルトです!

この年頃《としごろ》の女《おんな》の子《こ》は…
忍術《にんじゅつ》より恋愛《れんあい》だな
よし！
自己紹介《じこしょうかい》はそこまでだ
明日《あした》から任務《にんむ》やるぞ
はっ
ザッ！
どんな任務《にんむ》でありますか!?
任務《にんむ》だ！任務《にんむ》だ！
わく
わく！
まずはこの四人《にん》だけであることをやる
なに？なに？
サバイバル演習《えんしゅう》だ

サバイバル演習《えんしゅう》？
？
……
なんで任務《にんむ》で演習《えんしゅう》やんのよ？
演習《えんしゅう》なら忍者学校《にんじゃがっこう》でさんざんやったわよ！
相手《あいて》はオレだがただの演習《えんしゅう》じゃない
？
じゃあさ！じゃあさ！どんな演習《えんしゅう》なの？
……
ククク…
ちょっと！何《なに》がおかしいのよ 先生《せんせい》!?

いや…ま！
ただな……
オレがこれ言《い》ったらお前《まえ》ら絶対《ぜったい》引《ひ》くから
引《ひ》くゥ…？
は？
卒業生《そつぎょうせい》27名中《めいちゅう》下忍《げにん》と認《みと》められる者《もの》はわずか9名《めい》
残《のこ》り18名《めい》は再《ふたた》び学校《アカデミー》へ戻《もど》される
この演習《えんしゅう》は脱落率《だつらくりつ》66%《パーセント》以《い》上《じょう》の超難関《ちょうなんかん》試験《テスト》だ！
ヒク
ホラ引《ひ》いた
ハハハ
………

ンなバカな!!
カッ
あれだけ苦労《くろう》して……
じゃ！なんのための卒業試験《そつぎょうしけん》なんだってばよ！
あ！あれか…下忍《げにん》になる可能性《かのうせい》のある者《もの》を選抜《せんばつ》するだけ
ぬ〜〜〜なアにィ〜〜…
とにかく明日《あす》は演習場《えんしゅうじょう》でお前《まえ》らの合否《ごうひ》を判断《はんだん》する
忍《しの》び道具《どうぐ》一式《いっしき》持《も》って来《こ》い
それと朝《あさ》めしはぬいて来《こ》い……吐《は》くぞ！
ピク ピク ピク
こっ…こんなとこで落《お》とされてたまるか！
こ…こうなったらカカシ先生《せんせい》ぶったおしてオレの力《ちから》認《みと》めさせなきゃ…イヤサ！イヤサ！マジで!!

くわしいことはプリントに書《か》いといたから
明日《あす》遅《おく》れて来《こ》ないよーに！
テクテク
ズ…
アセ
アセ
吐《は》くって!? そんなにキツイの!?
…けど この試験《しけん》に落《お》ちたら
サスケ君《くん》と離《はな》ればなれになっちゃう…
ドキ
ドキ
これは愛《あい》の試練《しれん》だわ!!!
グッ
………
ギュッ
グシャ
ドクン
ドクン
ムム～～～
漢字ばっかだコレ
先生がこう来たらこうかわし！
ンでもってここでパンチ！
しかし右足のケリがくるから
そのスキに金てきキック
さッ
パコ
ボフ
バフ
ナルトは この夜《よる》 動《うご》かないカカシ人形《にんぎょう》とのイメージトレーニングに余念《よねん》がなかった

次《つぎ》の日《ひ》
やー—— 諸君《しょくん》 おはよう!
おっそーい!!!
カチ
よし! 12時《じ》セットOK!!
?
ここに スズが 2つある…
これを オレから 昼《ひる》までに奪《うば》い取《と》る ことが課題《かだい》だ

もし 昼《ひる》までに オレからスズを
奪《うば》えなかった奴《やつ》は 昼《ひる》メシぬき!
あの丸太《まるた》に 縛《しば》りつけた上《うえ》に 目《め》の前《まえ》でオレが 弁当《べんとう》を食《く》うから
朝《あさ》めし 食《く》うなって…
そういう ことだったのね
ズーーーン!
ぎゅるるるるるる
スズは一人《ひとり》 1つでいい
2つしかない から… 必然的《ひつぜんてき》に一人《ひとり》 丸太《まる た》行《い》きになる
…で! スズを取《と》れない 奴《やつ》は 任務失敗《にんむしっぱい》って ことで失格《しっかく》だ!
つまり この中《なか》で 最低《さいてい》でも一人《ひとり》は 学校《がっこう》へ戻《もど》ってもらう ことになるわけだ…
ドキン…
手裏剣《しゅりけん》も 使《つか》っていいぞ
グッ!
オレを殺《ころ》す つもりで来《こ》ないと 取《と》れないからな

でも!!
危《あぶ》ないわよ
先生《せんせい》!!
そう そう!
黒板消《こくばんけ》しも
よけれねーほど
ドンくせー
のにィ!!!
本当《ほんとう》に殺《ころ》しち
まうってばよ!!
世間《せけん》じゃさぁ…
実力《じつりょく》のない奴《やつ》に
かぎってホエたがる
そう
強がるなよ
ま…ドベは
ほっといて
よーいスタートの
合図《あいず》で
ムカ
クルン
クルン

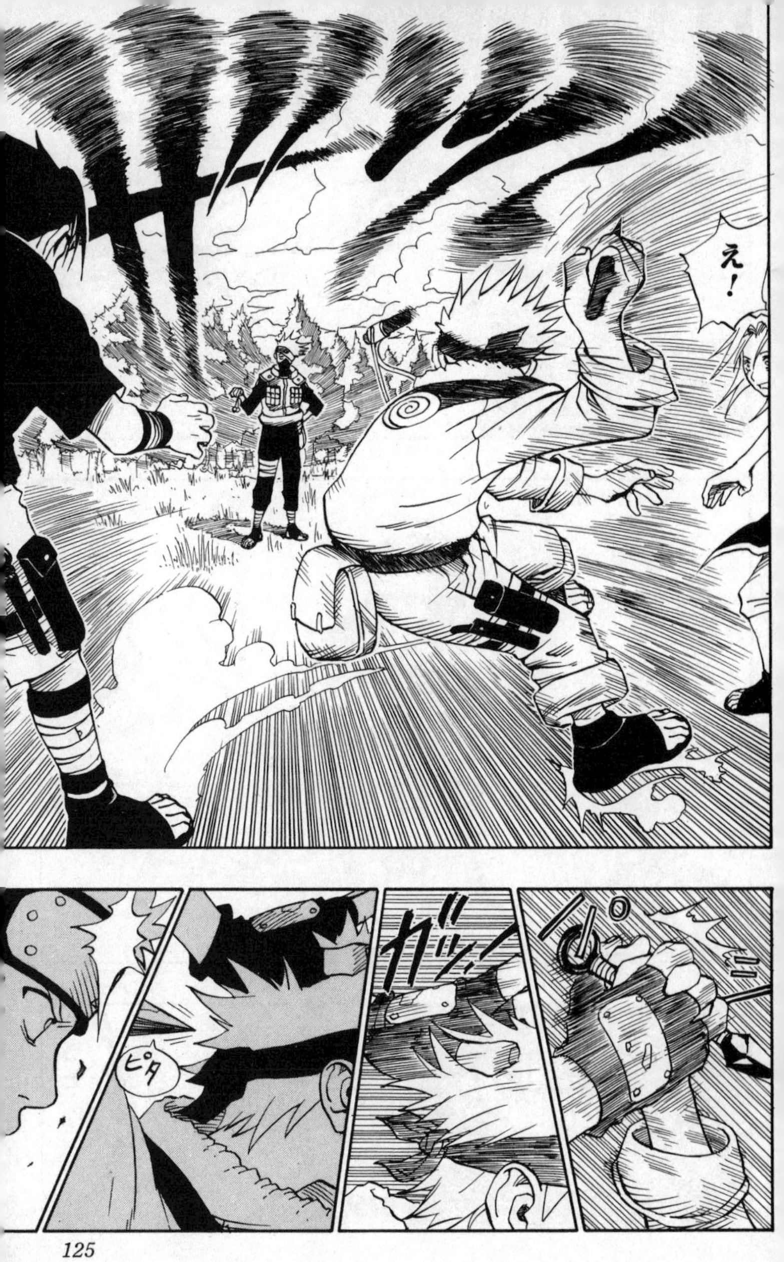
え!
パ
ガッ!
ピタ

そう あわてんなよ
まだ スタートは 言《い》ってないだろ
うそ…!
まるで 見《み》えなかった
…これが 上忍《じょうにん》か…

でも　ま…
オレを殺《や》るつもりで来《く》る気《き》になったようだな…
やっとオレを認《みと》めてくれたかな？
ククク…なんだかな
やっとお前《まえ》らを
好《す》きになれそうだ…
わくわく
…じゃ始《はじ》めるぞ!!
…よーい…
スタート!!!
ザッ
ザッ
ザッ

カカシはござる口調《くちょう》だった!

[ボツネタの2話目《わめ》]

ナルトの2話目《わめ》でカカシが登場《とうじょう》するシーン、初《はじ》めカカシはクールでキザな「ござる」口調《くちょう》でしゃべる上忍《じょうにん》キャラとして設定《せってい》しました。この時《とき》は、まだサスケもサクラもまったくいない状態《じょうたい》で、いきなりカカシ先生《せんせい》がナルトの先生《せんせい》として現《あらわ》れます。
担当《たんとう》さんとの打《う》ち合《あ》わせで、これはボツになりました。今《いま》のカカシのキャラやサスケ、サクラは打《う》ち合《あ》わせによって、ていねいに作《つく》っていくことで出来上《できあ》がったキャラなのです。

🐾《ナンバー》5：油断大敵《ゆだんたいてき》!!

忍《しのび》たる者《もの》――
基本《きほん》は 気配《けはい》を消《け》し
隠《かく》れるべし
ザッ
よし みんな
うまく
隠《かく》れたな
ドンッ
いざ 尋常《じんじょう》に
勝《しょう》〜〜〜〜負《ぶ》!!
しょーぶったら
しょーぶ!!
……
あのさァ…
お前《まえ》 ちっと
ズレとる
のォ……
あの
ウスラトンカチ
……

ズレてんのはその髪型《かみがた》のセンスだろ――!!
スッ
ゴソ
チャリーン
チャリーン
!!
うっ…
ザザッ
忍戦術《しのびせんじゅつ》の心得《こころえ》その1
体術《たいじゅつ》!!
…を教《おし》えてやる
ス
…体術《たいじゅつ》って忍者《にんじゃ》組《く》み手《て》のことだよな
スス
…なのに…
武器《ぶき》使《つか》う気《き》か?

パラ
パラ
イチャイチャ
イチャイチャ パラダイス 中巻
!?
……？ どうした 早《はや》くかかって 来《こ》いって
…でも… あのさ？ あのさ？ なんで 本《ほん》なんか ……？
なんでって… 本《ほん》の続《つづ》きが気《き》になってたからだよ
別《べつ》に気《き》にすんな… お前《まえ》らとじゃ 本読《ほんよ》んでても 関係《かんけい》ないから
イチャイチャ パラダイス

!!
ボッコボコにしてやる…
うぉおお!!
くっ…!!

ザッ
ガッ!
だあーっ
もうっ!!!

すか
あれ？
忍者《にんじゃ》が何度《なんど》も後《うし》ろ取《と》られんなバカ
！
え！？
…あの手《て》の構《かま》えって虎《とら》の印《いん》！？
え？……
…うそ…
ナルト相手《あいて》にいくら何《なん》でもその忍術《にんじゅつ》は！！
まさか…
…あの印《いん》は火《か》とんの…！
教師《きょうし》のヤロー逃《に》げまわるだけじゃないのか…！
ナルトーー!!!
早《はや》く逃《に》げなさいって!!!
アンタ死《し》ぬわよォ!!!
ガサ!!
え？
遅《おそ》い

木ノ葉《このは》隠《がく》れ・秘伝《ひでん》・体術《たいじゅつ》・奥義《おうぎ》!!!
千年殺《せんねんごろ》し〜っ!!
ぎいやああああ!!
……… なんだァ… 忍術《にんじゅつ》じゃないのかァ…
…なにが奥義《おうぎ》よ…
…ただのモノスゴイカンチョウじゃない
………
ウスラトンカチが2人《ふたり》…
フン!

ザブーン‥
……
パラ
イチャイチャパラダイス
…………
ほとんど反則《はんそく》じゃない あの強《つよ》さ
…どーしろってゆーのよ!
!
ズグググ
ちぐしょう!!
…こんなぁ…
カチャ
…こんなはずじゃあ…!!
ボコ ボコ

バシュ!
バシュ.
!!
ハハハハ
くるり くるり
・・・・

ぶごぁ——!!
(くそぁ——っ!!)
……
あの状態《じょうたい》で本読《ほんよ》んで笑《わら》ってる…
ナルトは ただ遊《あそ》ばれてるだけ…
ボゴ
……こんなぁ……
…こんなところで!
つまり お前《まえ》が里《さと》を壊滅《かいめつ》させた九尾《きゅうび》の妖狐《ようこ》なんだよ
お前《まえ》なんか誰《だれ》も認《みと》めやしない
スッ
あいつは このオレが認《みと》めた優秀《ゆうしゅう》な生徒《せいと》だ
ギロ
後戻《あともど》りなんてしてられっか

ザバァ!
ゲホ!!
ゲホ!
ホラ どうした 昼《ひる》までにスズ取《と》らないと一人《ひとり》だけ昼《ひる》めし抜《ぬ》きだぞ
!!
ハァ
ハァ
ハァ
ンなの分《わ》かってるってばよ!!
火《ほ》影《かげ》を超《こ》すって言《い》ってたわりに元気《げんき》ないねお前《まえ》…
ギュルルルル
チャリン
くっそ! くっそ!
腹《はら》がへっても戦《いくさ》はできるぞ!!

………
私《わたし》なんかダイエット中《ちゅう》で昨日《きのう》の夜《よる》から何《なに》も食《た》べてないのよ!!
お…お腹《なか》へったぁあぁ~~~!!
ぎゅるるるるる
さっきはチット油断《ゆだん》しただけだってばよォ!!
世間《せけん》じゃ油断大敵《ゆだんたいてき》って言《い》うんだよね
ザッ
くそ!腹《はら》へって
体《からだ》が…
………
……けど…
何《なに》が何《なん》でもスズ取《と》らなきゃ
ハア
ハア
ハア
何《なに》がなんでも認《みと》められなきゃ!
ハア
っ たく…
なにがなんでも
ザバア!!

忍者《にんじゃ》にならなきゃ

ん？

へへ――ん!!
お得意《とくい》の多重《たじゅう》
影分身《かげぶんしん》の術《じゅつ》だ!!
ハァ
ハァ
油断大敵《ゆだんたいてき》!
今度《こんど》は一人《ひとり》じゃないってばよォ!!
1・2・3…
8人《にん》!
…なんだ?
あの術《じゅつ》は…
なに?
残像《ざんぞう》じゃない
全部《ぜんぶ》 実体《じったい》って?
ん!
クル
ザッ
分身《ぶんしん》じゃなく
影分身《かげぶんしん》か…
残像《ざんぞう》ではなく 実体《じったい》を
複数作《ふくすうつく》り出《だ》す術《じゅつ》…
ミズキをやった
例《れい》の封印《ふういん》の書《しょ》の中《なか》の
禁術《きんじゅつ》だな…
お前《まえ》の実力《じつりょく》から
して その術《じゅつ》
1分《ぷん》が限界《げんかい》って
ところだろ…
御託《ごたく》ならべて
大見得切《おおみえき》ったって
しょせん ナルト…
まだ その術《じゅつ》じゃ
オレはやれないね
ザッ!
ザッ!
ザッ
!
ドン

な…
なにィ!!!
ポッ

後《うし》ろ!!?
チャリリン

へへ…忍者《にんじゃ》ってのは後《うし》ろ取《と》られちゃダメなんだろ…
カカシ先生《せんせい》ってばよォ!!!
影分身《かげぶんしん》の術《じゅつ》で一人《ひとり》だけ川下《かわしも》からこっそり上《あ》がって
裏手《うらて》に回《まわ》り込《こ》んどいたんだってばよ!
トン
……さっきケツやられたぶん!
せっかくだからここで一発《ぱつ》…
ナルト!!
けっこうやるじゃない!!
コイツ…
陽動作戦《ようどうさくせん》ってヤツか…

なぐらせてもらうってばよ!!
バキャ
ウッヒャあ——!!
!!?
あれ!!?

岸本斉史《きしもとまさし》の ちょっとどーでもいい話《はなし》っぽい話《はなし》

ド田舎出身《いなかしゅっしん》のオレにとって森《もり》や草《くさ》、土《つち》といった自然《しぜん》は子供《こども》の頃《ころ》から慣《な》れ親《した》しんだものだった。しかし上京《じょうきょう》したオレはびっくりした！　東京《とうきょう》には、それら自然《しぜん》というべきものがあまりにも無《な》い！　そこで仕事《しごと》するにあたって田舎《いなか》の雰囲気《ふんいき》をかもし出《だ》す物《もの》が必要《ひつよう》だった。そうして心《こころ》を落《お》ち着《つ》かせ集中《しゅうちゅう》する。いいマンガを描《か》く為《ため》だ！　そこでオレは観葉植物《かんようしょくぶつ》を買《か》い、机《つくえ》の上《うえ》に置《お》くことにした。

「今日《きょう》から、お前《まえ》はオレの相棒《あいぼう》！」

さっそくこいつに名前《なまえ》を付《つ》けることにした。

“うっきー君《くん》”

「うっきー君《くん》、今日《きょう》はいい葉《は》のツヤしてるね！」

「………」

「昨日《きのう》は光合成《こうごうせい》しまくったなあ。お前《め》ェ」

「………」

「今日《きょう》はふんぱつして極上《ごくじょう》の液体肥料《えきたいひりょう》だぜ！」

「………」

オレ達《たち》は最高《さいこう》のコンビだった。

Ａ（アシスタント）

“アレ～!?　岸本《きしもと》さん？　これ枯《か》れてんじゃないんスかァ？”

ハッ！　何《なに》を言《い》ってるんだか！　こんなに可愛《かわい》がって……。

Ａ（アシスタント）

“あ！　この肥料《ひりょう》、原液《げんえき》のままじゃないっスか!?　これ薄《うす》めないと！”

あ………

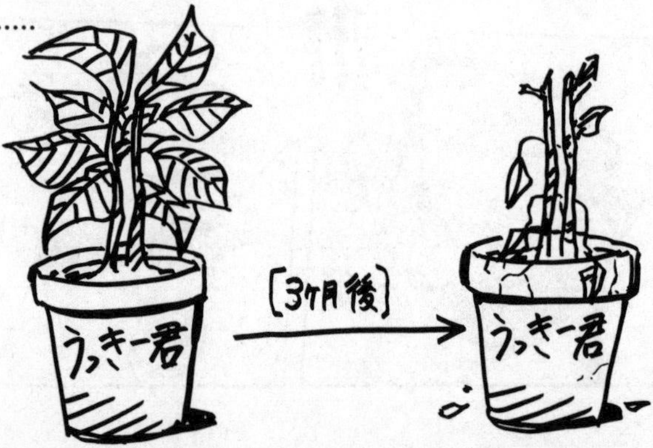

《ナンバー》6：サスケ君《くん》に限《かぎ》って…!!
殴《なぐ》られたのは……
?
……ナルト!?
ザ
いってエ――!!

《ナンバー》6：サスケ君《くん》に限《かぎ》って…!!

お前《まえ》ってば カカシ先生《せんせい》だな！
変化《へんげ》の術《じゅつ》で 化《ば》けてんだろ!!
お前《まえ》 こそ！
ドカ
オレじゃ ないって ばよ！
お前《まえ》 先生《せんせい》と 同《おな》じ オヤジの 臭《にお》いすっぞ！
バキ
イヤ！ お前《まえ》だ！
するかぁ!!
あのさ！ あのさ！
とりあえず 術《じゅつ》といて みろってば
そしたら 2人《ふたり》になる…… それで分《わ》かる
ハァ
ハァ
ハァ
あ！ もっと早《はや》く 気《き》づけ バカ！
お前《まえ》は オレだ バカ！
ハァ
ハァ
ハァ

……
ポツン…
ピュ
ちっとだけ
涙《なみだ》が出《で》た
ナルトだった
ナルト…
カッコ悪《わる》い
今《いま》のは
変《か》わり身《み》の術《じゅつ》だ
バカ

忍術壱《にんじゅついち》の巻《まき》3項《こう》…
変《か》わり身《み》の術《じゅつ》
…本来《ほんらい》動物《どうぶつ》や植物《しょくぶつ》と
己《おのれ》の身《み》をすばやく入《い》れ換《か》え
相手《あいて》に
攻撃《こうげき》を受《う》けたかのように
錯覚《さっかく》させ そのスキを突《つ》く術《じゅつ》…
ズッ…
すばやく入れかわる
カッ!
今《いま》の…上忍《カカシ》のヤロー
ナルトの分身体《ぶんしんたい》一匹《いっぴき》と
身《み》を入《い》れ換《か》えやがった
すばやく入れかわる
やられたと
錯覚《さっかく》させるばかりか
ナルドの攻撃自体《こうげきじたい》を
利用《りよう》しやがった…
フン

!
スズゥ!!!
ニシシシ さっきは よっぽど 慌《あわ》ててたんだな
スズ落《お》として いってら…… へへ…
るん
るん
タッ
タッ
ザッ
え!?

ゆー
なんじゃこりゃあ!!!
びょん
びょん
ワナにきまってんだろが…
…しかし あの上忍《じょうにん》… ナルトとやってる時《とき》でさえ スキ一つ見《み》せねえ…
ザッ
!

あ!
術《じゅつ》はよく考《かんが》えて使《つか》え
だから逆《ぎゃく》に利用《りよう》されるんだよ……
それと…
ポン
バレバレのワナにひっかかるなバカ
ムッキィーー!!!
忍者《にんじゃ》は裏《うら》の裏《うら》を読《よ》め!
ンなの分《わ》かってるってばよ!
ブン
ブン
あのね分《わ》かってないから言《い》ってんの

ここだ!
やっと スキ
見《み》せやがった!
ザクザクザクザクザク
ったく
お前《まえ》は…
うわぁ!!
うわぁ!!
モロだぁ――!!
サスケのヤロー
やりすぎ
だろォ――!!
プシュー

ドカ
!!!

あそこか…
くそ！また 変《か》わり身《み》か…今《いま》の手裏剣《しゅりけん》で場所《ここ》がバレたな！
わざとスキ見《み》せやがって！ざまあねェ…ワナにかかっちまった
ザザッ！

ザザザザザ
…サスケ君《くん》…
どこにいるのかな!?
ザザッ
…まさかもう先生《せんせい》に……
イヤ!サスケ君《くん》に限《かぎ》って そんなことないわよねっ!
ガサ
!!
ザッ!!
…セーフ!気《き》づかれてない…
チャリン‥
サクラ 後《うし》ろ
え!?

ドン
ザキュ!!
なぁにが〝裏《うら》の裏《うら》を読《よ》め!〟だ!
バッ!
ちくしょう!
先生《せんせい》のワナにゃ
もう二度《ど》とひっかからねェーぞ!!
クルン!
スタ

ガサ…
ひっかかったってばよォ――!!!
くっそォ~~~!
真下《ました》に同《おな》じワナしかけてやがったぁ!
プンプン
プラーン…

ザワ
ザザ
ザザ
え!? え!?
今《いま》の何《なに》!?
!!
どうなってんの!?
先生《せんせい》は!?
キョロ
キョロ
サクラ…
この声《こえ》は…
!
サスケ君《くん》!!

…サ………
サク…ラぁ…
ハア
ハア
ハア
ハア
た…助《たす》けて
…くれ……
ハア
ハア

あぎゃあああ
ああああ!!!
ドサ…
……
少《すこ》し
やりすぎたか…
イチャイチャ
パラダイス

!!
…今《いま》の声《こえ》
サクラか…
忍戦術《しのびせんじゅつ》の心得《こころえ》
その2
幻術《げんじゅつ》…
…サクラの奴《やつ》
簡単《かんたん》に
ひっかかっちゃって
な……
チャリン

幻術《げんじゅつ》か…
一種《いっしゅ》の幻覚催眠法《げんかくさいみんほう》…
あいつなら
ひっかかるのも
無理《むり》ねーな…
…しかし…
ブクブク
ザアッ
オレは
あいつらとは
違《ちが》うぜ…
そういうのは
スズを取《と》ってから
にしろ
サスケ君《くん》…

NARUTO STAFF

ナンバー7：カカシの結論《けつろん》

里《さと》一番《いちばん》のエリート
うちは一族《いちぞく》の力《ちから》…
楽《たの》しみだなぁ…
バシュ
スス…

シュルルルッ
ザッ!
ザッ!
トン
バカ正直《しょうじき》に攻撃《こうげき》してもダメだよ
ニャ
プツン
ザザザザ
!
トラップか!?
ザッ!
ガガガガ

ザザザッ!!
ザザ
フッ・・・・
なにっ!
バシ
ザザ

ブン
ガシ!
!!

チャリン
!
ニィ
こいつ!
ザッ
チャリン!
ピシ

ザザザ
……なんて奴《やっ》だ
チャリン
『イチャイチャパラダイス』を読《よ》むヒマがない
ハァ
ハァ
ハァ
ザザッ
アレ？
……………
……私《わたし》……
！
そうだわ！サスケ君《くん》が死《し》にかけてて……
…それ見《み》て私《わたし》……
サスケくーーーん!!
私《わたし》を おいて死《し》なないでー！
どこなのォーーー！

……
くる
くる
!
なんだ…ありゃ…石《いし》か？
丸太《まるた》の後《うし》ろってあんなになってたのか…
お！
石《いし》の上《うえ》に弁当《べんとう》が置《お》いてあるゥ!!
!
忍者《にんじゃ》は裏《うら》の裏《うら》を読《よ》むべし！……
…かぁ…
ニシシシシシ

ま！ あの2人《ふたり》とは 違《ちが》うってのは 認《みと》めてやるよ
フン
馬《うま》！
虎《とら》ア!!
ピタ
火遁《かとん》！ 豪火球《ごうかきゅう》の術《じゅつ》!!
ググ
なっ… なにィ!!
その術《じゅつ》は 下忍《げにん》のできる ような… チャクラが まだ 足《た》りないはず ……!!

ボゴゴゴ
モク
モク

ボ
!
いない!
後方《こうほう》!? いや 上《うえ》か!?
どこだ!?
キョロ キョロ
下《した》だ
!!

ガッ!!
なっ…!
土遁《どとん》
心中斬首《しんじゅうざんしゅ》の術《じゅつ》…
ぬおぉ…
ズゴゴゴ
ザッ!
忍《しのび》…戦術《せんじゅつ》の
心得《こころえ》その3!
忍術《にんじゅつ》だ
………
…にしても
お前《まえ》はやっぱ
早《はや》くも頭角《とうかく》を
現《あらわ》してきたか

でも ま!
出《で》る杭《くい》は打《う》たれるって言《い》うしな
ハハハ
スタスタ
くそ!!
へへへ…
バカ正直《しょうじき》にスズなんか取《と》らなくっても
今《いま》隠《かく》れて食《く》っちまえばいいのだ!
いただきまぁ――す!
ズ…
オイ
…って言《い》うのは冗談《じょうだん》でェ……
遅《おそ》い!
ちくしょう…ここまでの差《さ》が…
!
!
ガサ…
………

あぎゃああああああ!!
今《こん》度《ど》は生《なま》首《くび》イ――!!!
ドサ
…なんなんだ…
オイ…
……
え…サスケ君《くん》の声《こえ》
サスケ君《くん》!
!
ガバ!
無事《ぶじ》だったのねエ!!
あ…おい やめろ… くっつくな!

もう 昼《ひる》まで
時間《じかん》がない
オレは
行《い》くぞ
サスケ君《くん》 まだ
スズ狙《ねら》う気《き》なの!?
さっきは
触《ふ》れた
次《つぎ》なら取《と》れる
え!?
…あは!そ
…そうなんだ…
やっぱり
スゴイもんね
サスケ君《くん》て…
やばい!私《わたし》
あんな先生《せんせい》から
スズ取《と》れっこない
このままだと
サスケ君《くん》と
離《はな》ればなれ
にイ!!
あ…あのさァ
もう 時間《じかん》もない
ことだし
今回《こんかい》は
ムリしなくても
……
次回《じかい》
ガンバルって
ことで
ギロ。
ビクッ!
………
ス…
………

オレにしかあの男《おとこ》は殺《ころ》せない
…え…
…なに？先生《せんせい》のこと？
あの時《とき》…泣《な》いてた…
泣《な》いてた……？
オレの……
何《なに》…
何《なん》のこと……!?
オレは復讐者《ふくしゅうしゃ》だ
あの男《おとこ》より強《つよ》くならなきゃならねェ…こんなとこで……
!

ある男《おとこ》を
必《かなら》ず…
殺《ころ》すことだ
ジリリリリリリリリリリ
サスケ君《くん》…
チィ
くそ……ムダ話《ばなし》が過《す》ぎた
………
10分後《ぷんご》——
ぎゅるるるる
おーおー
腹《はら》の虫《むし》が鳴《な》っとるね
……君達《きみたち》
ところで
この演習《えんしゅう》についてだが

ま！お前《まえ》らは
忍者学校《にんじゃアカデミー》に戻《もど》る必要《ひつよう》もないな
!!
ハーー
え？私《わたし》…気絶《きぜつ》してただけなんだけど…
いいのかなアレで
内なるサクラ
愛は勝つ！しゃんなろ!!
フン
バダ
バダ
じゃあさ！じゃあさ！
ってことは3人《にん》とも…

……そう
3人《にん》とも……
忍者《にんじゃ》をやめろ！
!!!?

■ジャンプ・コミックス

NARUTO -ナルト-

1 うずまきナルト

2000年3月8日　第1刷発行
2019年10月6日　第91刷発行

著者　岸本斉史

編集　株式会社 ホーム社
東京都千代田区神田神保町3丁目29番　共同ビル
〒101-0051
電話　東京　03(5211)2651

発行人　北畠輝幸

発行所　株式会社 集英社
東京都千代田区一ツ橋2丁目5番10号
〒101-8050
03(3230)6233(編集部)
電話　東京　03(3230)6191(販売部)
03(3230)6076(読者係)
Printed in Japan

印刷所　共同印刷株式会社

ISBN4-08-872840-8 C9979

JUMP COM [redacted] COMICS JU
絶大な力を持つ“妖狐”をその身体に
封印された忍者・ナルト!!
大切な仲間のために修業あるのみ!!
岸本斉史
NARUTO
-ナルト-
大好評発売中!!

ONE PIECE《ワンピース》
大人気発売中!!
「ひとつなぎの大秘宝《ワンピース》」をめぐる
海賊達の冒険ロマン!
ルフィは「海賊王」を目指し大海原へ!!
尾田栄一郎